學佛新手50問

學佛入門 Q&A

法鼓文化編輯部 編著

〈導讀〉

佛陀開門

大學時代，看到幾位同學跪在佛菩薩面前，念著皈依詞、虔誠地禮拜，我就是怎麼樣都不肯「隨波逐流」地跪下，只是站在門邊冷眼旁觀整個儀式的進行。學佛的人常說，知識學問讀得愈多的人，愈不容易放下身段五體投地地禮拜，還說那是一種「所知障」——被自己的知識學問所障蔽。年少氣盛的我，的確曾經爲了該不該皈依、該不該受持五戒與菩薩戒，內心有很大衝擊，我總認爲：「在還沒有徹底認識與了解佛教以前，我怎麼可以輕易就這樣在這尊像前跪拜？」學佛、成爲佛教徒，對當時的我而言，是件非常愼重而不能隨便的事。

跟著學長到道場「聽經聞法」一、二年後，我才發自內心主動地想皈依三寶，內心有種找到另一個家的感動，那是我累生累劫「法身慧命」的家。後來，因爲親近不同道場的師父，我覺得我有點像在「蒐集」皈依證，也有了好幾個法名，還常常拿出來比較它們的不同，在不同的場合用不同的法名，有種「老學」般的沾沾自喜。

然而，當我接觸了法鼓山，也見識了好幾場「千人皈依」的大場面後，我一直問自己：「還要皈依嗎？還要再『蒐集』一張皈依證嗎？還要多一個法名嗎？」當時已經在讀聖嚴師父的著作，慢慢釐清一些學佛的觀念，終於知道，一次的皈依就代表自己已經接受、承認、願意成爲一位奉行佛法的佛教徒，就不需要再有皈依的型式了。我才放下了那種——皈依就是代表跟著一位師父學佛、不要辜負他老人家的教導的天眞想法。那是在學佛五年後，發現自己才能眞正開始爲學佛的生涯做正確的抉擇與判斷。

我是以念佛法門入門的，一念就四年，而且非常「專一」，除了念佛、看念佛相關的書籍，其他的佛書一概不碰。腦海裡總是記得一位學長說過，不要輕易學禪、打坐，否則會「走火入魔」，嚇得我只敢念佛。但是，對常常一個人生活、沒有什麼正信道場的環境，當念佛念到發生一些狀況時、念不下去時、心裡常想著「我現在又還沒有要往生西方，那念佛的意義是什麼」？等等的疑惑一再出現時，真的非常渴望能遇到有正確指引的佛書或老師。

也許佛菩薩聽到我內心的呼救吧！讓我遇到了聖嚴師父、接觸到了更生活化的佛法詮釋，甚至跟著師父學禪、修行、出家，一顆在學佛路上尋尋覓覓的心，總算安定平穩下來，能夠開始自己往前走，也能夠隨緣度化有緣的眾生。

在自己學佛歷程中，心中總是想：「如果有個人可以一直解答我心中對學佛的疑惑多好！」如果沒有人，至少身邊有本可靠的、指引性質的、給予正確知見的學佛入門書，那顆學佛的心應該就可早些安定下來，學佛的路可能就平順多了。

此次有緣，讀了《學佛新手50問》一書，有一半以上的問題都是我在學佛路上碰到，卻又很難有人可以明確回答我的，因此有一種爲學佛新手感到欣慰、慶幸的喜悅。

本書共有五十問，分做「開始學佛，快樂生活」、「學佛有方法」、「非做不可的功課」、「用佛法歡喜過生活」四個單元。從建立基本的學佛觀念開始，讓讀者了解皈依的眞義、學佛能達到的功能，進而能釐清與判斷佛教與一般民間信仰的差別。學佛者在皈依成爲三寶弟子後，開始要學習不同的法門，從中找到適合自己的法門，最終能將佛法運用在日常生活中，學習接引周遭的親友一起快樂地學佛。

在人生的旅途中，我們其實常常是在摸索中，跌跌撞撞地往前走。聖嚴師父曾經在《點燈》節目中說，一個常在黑夜裡走的人，突然有盞明燈在眼前照亮，那是一件多麼幸運的事。對於學佛新手而言，指路明燈是非常重要的，能夠在一開始學佛，就能依著正確的知見指引，學佛的過程就不再害怕走錯路、或誤入迷途了。

本書除了是學佛新手的最佳指南，更是接引有緣入佛門者的見面禮。身邊有不少人需要學佛，如果能有一本淺顯易懂、深入淺出的學佛入門書送給他們，相信這才是眞正對他們有利益的。

學佛有一段時日了嗎？看一下《學佛新手50問》的問題，問問自己是否能正確回答，就可以核對自己的學佛知見建立得是否紮實、穩固。

學佛的你，正充滿疑惑嗎？翻翻這本書，一定可以找到你要的答案！

有朋友想學佛嗎？買一本《學佛新手50問》送他吧！絕對值得喔！

《聖嚴法師佛教教育理念與實踐》作者

釋常慧

目次

1 開始學佛，快樂生活

2 學佛有方法

3

非做不可的功課

4

用佛法歡喜過生活

1

開始學佛，快樂生活

Question

01

如何開始學佛？

初學佛法，應先學習正確的佛法義理，並且要先從基礎、根本的教理開始，等到有了基礎，再進一步學習修行的方法和觀念，如此逐步地吸收與實踐，即可漸漸有所進步。

修學佛法，先以知見正確、實修實證的長老法師或居士大德所闡述的佛法爲依循，會比較安全，也較容易了解、吸收與實踐，同時若能配合其他經典來修學更好。配合經典修學，以經典爲印證的依準，愈到後來愈是重要與必須。佛教的經、律、論三藏聖典浩瀚如海，窮畢生之力，也無法學盡，因此學佛探究經論要有所選擇。初入門時，可以從概論的通論書籍著手，然後依據個人的心向、興趣來選擇學習某一部經和某些相關的經，或某一部論和某些相關的論，或某一部律和某些相關的律書。

學佛貴在一門深入，不論修習任何一種法門，念佛或禪修，只要持之以恆，就能圓滿修行目的。念阿彌陀佛能往生西方，念觀世音菩薩也能往生西方；念觀世音菩薩能消災免難，念阿彌陀佛也能消災免難；禪修作觀能入定、開智慧，持名念佛和念菩薩聖號，也能入定而開智慧；其他以此類推，如誦《金剛經》也能開智慧、消災、免難、除障、生西方。例如《楞嚴經》有二十五種圓通法門，介紹二十五位羅漢及菩薩，每位專修一種特定的法門，結果都能一門深入，門門深入。

以佛、法、僧、戒為師

佛教徒皈依三寶，即是以三寶爲師，所謂三寶就是佛寶、法寶、僧寶，佛住世的時候就是依佛、依法、依僧來學佛。在佛陀時代，佛陀處處以身作則，大家都以佛為師，以佛的行為舉止為典範。雖然佛陀已經涅槃不在人間了，但只要心中相信有佛，佛就常住在我們心中，陪伴在我們身旁，在廣大的宇宙中有無數的佛，只要相信他們的存在，諸佛就會與我們產生感應，不相信有佛，就與佛無緣。

皈依法的「法」是修行的道理與觀念，以佛經指導的方法和道理，做為安身立命的方向與準則，這就是依法。皈依僧的「僧」是出家修持戒、定、慧三種清淨業的佛教團體，稱為僧團、僧伽。僧團的存在即表示佛法的精神、形象都不曾消失。

如同生活在佛的時代

佛陀已經滅度兩千多年，現代佛教徒該以什麼為師呢？除了依靠佛、法、僧

（鄧博仁　攝）

三寶之外，還要以戒爲師。當佛陀即將入滅，離開人間，弟子們也曾問他：「您住世的時候，我們以您爲依靠，現在您要涅槃了，我們以後該怎麼辦？」佛陀就告訴弟子們：「以戒爲師。」

戒在即等於佛在，如果能持佛的戒，佛的精神就可以在生活中表現出來，佛告訴我們不能做的，就不要去做，佛鼓勵我們做的，則要盡量去做，即是以戒爲師。這是一種生活規範，我們如果能依此生活，就等於是生活在佛的時代。

如果具備這樣的學佛基本觀念，不論生在有佛或無佛的時代，皆能學佛，相反地，如果不用佛教導的方法來修行，即使遇到佛住世，天天與佛住在一起，也等於未見到佛。所以佛住世時，要依佛、依法、依僧、依戒而住，佛涅槃了，還是要依佛、依法、依僧、依戒而住，只要三寶存在，以戒爲師，就與佛住世無異。

Question

02

如何快樂學佛？

新時代掀起「樂活」風潮，鼓勵大眾反思個人的生活方式，關切整體社會、環境的永續發展，追求簡樸的生活；對佛教徒而言，佛法提示個人清淨身、口、意三業的觀念和方法，從內在的心念到外在的言語、行止，提供了全面的修行法門，幫助人們在生活中運用智慧，解決人生的煩惱和困厄，追求心靈的淨化，可說是「樂佛」不已！

要如何做一個快樂學佛人呢？佛陀在兩千六百年前曾提示好樂佛法的在家居士，首先要皈依三寶，對三寶生起深切的信心，還有持守五戒，廣行布施，進而多聞正法、長養正見與智慧。

皈依的意義

「皈依」兩字，從字面上解釋，「皈」是回轉、歸投，「依」是依靠、信賴，凡是回轉依靠，或歸投信賴的行爲，都可稱爲皈依，所以皈依兩字，不是佛教所專用。小孩子歸投向母親的懷抱，依靠母親、信賴母親，所以能有安全感，這安全感的產生，便是出於皈依的力量。因此，凡是由於歸投信賴而產生安全感的行爲，均可稱之爲皈依。

準此而言，兒女信賴父母、學生信賴老師、企業家信賴預算、下屬信賴長官、宿命論者信賴命運，乃至軍人信賴武力、政客信賴謀略、商人信賴財富等，皆有著或多或少的皈依成分。

皈依佛教，能使人漸漸走上離苦得樂的究竟解脫之道。佛教的總體，是佛、法、僧三寶；一切眾生皆有佛性，由於業障的迷惑，所以不見佛性，我們皈依三寶的目的，正是在尋求佛性的顯現。我們本來與佛一樣，本來就與三寶同在，只緣迷失本性，流浪生死道中，不知回家之路，所以名為眾生！我們若能即日開始，回歸投向三寶的懷抱，就是浪子回頭，步返老家而已。因此，唯有走上回家的路，才能算是真正的皈依。

皈依三寶

什麼叫作三寶？佛、法、僧，何得稱之為寶？一個人要想信佛，必須先皈依三寶，但在皈依之前，又必須先了解三寶的大意，否則，莫名其妙地皈依，便不得稱為真正的皈依。

三寶就是佛、法、僧，因為在佛、法、僧中，能夠產生無量的功德，發揮無盡的妙用，並且取之不盡，用之不竭，無極無限，無邊無際。世間以金銀珠寶的價值高，功用大，所以稱之爲寶；佛、法、僧的功德妙用，乃是通於世間和出世間的，所以更可稱之爲寶了。由於三寶的化導，可以使人平安地在人間生活，更可使人在人間離苦得樂。所以三寶是寶，而且是超出衆寶之上的衆寶之寶。

三皈依不但是一切戒的根本，也是佛教徒日常修持中的根本。寺院中的朝暮課誦，皆有三皈依，一切佛事的終結，也都應以三皈依爲宗本。

Question

03

皈依佛門就是出家嗎？

很多人誤以爲皈依佛門就是出家，常常有一些新聞媒體報導，將「某某明星皈依佛門了」，寫成「某某明星出家了」，這是非常錯誤的說法，出家和皈依是兩回事。

自己發願做佛教徒

皈依的意思，是回到三寶，依靠三寶的指導、幫助來修行。接受皈依的儀式後，就具備了佛教徒的身分，可以說皈依即是認定自己是佛教徒，是自己發願做佛教徒。但是皈依並不表示必須出家，大部分在寺院皈依的人，都是在家居士，皈依三寶以後照樣過家庭生活，一切照常，所不同的是在宗教信仰上，已經有一個確定的目標，在人生的未來方向上，也有了一個正確的方針，不再有所偏差。

出家是與在家相對而說，出家是出離世俗的家庭生活，剃落鬚髮，穿著壞色衣，受持出家戒。在釋迦牟尼佛的時代，佛弟子包括僧、俗、男、女四大類，稱爲四衆，男性僧衆稱爲比丘，女性僧衆稱爲比丘尼，男性在家居士稱爲優婆塞，女性在家居士稱爲優婆夷。在接受皈依之後，出家人要受比丘、比丘尼戒，在家居士則要受五戒，但是三皈依是學佛的基礎，不論出家、在家都會接受。

皈依不等於出家

因此，不要誤以爲皈依就是出家，出家就是皈依。皈依以後可以出家，而出家人一定是已經皈依的，但是皈依三寶的人不一定要出家。大部分的佛教徒都是在家居士，如果佛教只接受出家人學法，那麼佛教便沒有存在的必要了，因爲佛教的目的是要以普及化的方式利益衆生，要幫助所有人的人格成長，掌握人生的正確方向，這才是佛、法、僧三寶存在的作用。

皈依之後，要進一步認識與修持佛法，用佛法來調整自己的生活方針、生活態度、做人方式。要修學佛法、擁護佛法、弘揚佛法，才是眞正的皈依，既然皈依了，就要成爲眞正的佛弟子，否則只是個掛名的皈依弟子，皈依等於沒有發揮功用。

（許朝益　攝）

Question 04

皈依後爲何有法名？

通常一名佛教徒在一位法師面前接受皈依儀式之後，就會得到一個法名，嚴格說來，法名並沒有任何法律效力，平常也不一定會用到。

法名源自何時並無詳細記載，釋迦牟尼佛原名爲悉達多，又名喬達摩，出家成佛之後，很多人還是稱他爲喬達摩，並沒有因爲成佛而有一個「佛名」或「法名」。釋迦牟尼佛這個名稱並不是法名，「釋迦」二字是他俗家的姓，其族人都是姓釋迦，「牟尼」則是讚歎用的形容詞，讚歎他是一位已經斷除煩惱的人，所以我們就稱他爲「釋迦牟尼佛」，但這並非法名。

中國最早的法名

中國最早出現的法名可能是從東晉的道安法師開始，他主張凡是出了家的人都姓「釋」，在這之前並沒有前例，例如鳩摩羅什就是鳩摩羅什，不名爲「釋鳩摩羅什」，從道安法師開始，才在名字之前加一個「釋」，出家人在家時有在家的名字，出家以後便使用法名，法名多半與佛法相應，因爲開始學佛法了，所以便給予一個法名。

法名本來只有出家人才有，但是現在皈依三寶的在家弟子也都有一個法名。另外，中國人有族譜、家譜，每一代有一個特定的字代表輩分，中國的佛教徒出了家以後也有一個輩分，這也是後來才有的，開始的時間可能不是很早，因爲我們還可以看到，唐朝時的師父和徒弟都是用同樣一個字，表示當時師徒之間並沒有法派、字派之分，這應該是受到中國族譜的影響才有這種分別，比如說某位法師的弟子是「果」字輩，所以他全部的出家弟子、在家弟子都有一個「果」字。

記得自己已皈依

法名本身並沒有特殊意義或功能，只是一種學佛的紀念，代表你在哪一位法師座下皈依三寶，已經學佛了，是個佛教徒。有人同時擁有許多個法名，並沒有什麼不好，但是可能根本都記不得自己在哪裡皈依，也記不住法名。

如果連自己的法名都記不住，得到法名有用嗎？至少會記得自己已經皈依過了，是一位佛教徒，提醒自己要精進用功。因此，並非一定要有個法名，修行才會修得好一點，成佛才會成得快一點，兩者之間並沒有絕對的關係。

Question

05

皈依就等於修行嗎？

皈依是爲了學習佛法，以佛爲學習的榜樣，經由修行來成長自己、提昇自己，健全自己的人格，最後和佛一樣智慧圓滿、慈悲圓滿。皈依是一種發自內心的願望與承諾，是一種自我身分的肯定，肯定自己是佛教徒、三寶弟子，願意照著佛法的戒、定、慧三學來修正自己。因此，皈依之後就要用心學習佛法，在生活中確實地實踐佛法，如此才能夠開始改變自己，得到學佛的眞實受用。

皈依卻未開始修行

不過有兩種類型的人，雖然已經皈依了，卻還沒有開始修行，第一種是因爲還沒有開始學佛，不知道該如何修行；第二種是雖然已經開始學佛，但是卻因爲種種牽絆，所以尙未實踐佛法。若是前者，最好能盡快開始學習佛法，然後依教

（鄧博仁　攝）

奉行；若是後者，應該試著先到道場參加共修，熏習修行的氣氛，見賢思齊，促成自己早日開始修行。不管是誰，希望都能到道場跟隨高僧大德學習佛法，學習如何修行。因爲剛開始學習修行，對佛法與修行都會感到陌生的，要有大德、善知識的解說和指導，才能正確、安全地修行，而不至於走冤枉路。

所以即使已經皈依了，如果還沒有開始修行，那也只是在佛法裡種了善根而已，只是去學校註冊，卻未眞正入學就讀，無法從佛法裡得到更多的修行利益。

皈依三寶的好處

雖然如此，皈依三寶還是有很多的好處。聖嚴法師在《戒律學綱要》一書指出，皈依三寶不但可以求得現世樂，可以求得後世樂，更可以由此而得到涅槃寂靜的究竟樂。綜合起來，約有八種：一、成爲佛的弟子，二、是受戒的基礎，三、減輕業障，四、能積廣大的福德，五、不墮惡趣，六、人與非人均不能嬈亂，七、一切好事都會成功，八、能成佛道。

佛陀也曾說過，只要有人皈依三寶，四天王便會派遣三十六位善神，隨身護持，所以希望接受皈依的弟子，寫下三十六位善神的名字，隨身攜帶，便能辟除邪惡，出入無畏。

Question

06

爲何說學佛有善根？

常聽人說，某某人很有「善根」，究竟什麼是「善根」呢？所謂的「根」，其實有兩種，一種叫作善根，也就是清淨的佛性；一種叫作惡根、煩惱根，這是無始以來的無明，對世間究竟之理不清楚，也就是煩惱的根本。

善根，我們稱之爲佛性，清淨的佛性就是本性，本來就在那個地方，是生命本來就具有的。發起善根，表示我們開始要修行學佛，成長自己的智慧和慈悲的時候到了，在這種情形下，善根日日增長，相對地，無明的煩惱根也會日日消減，如此一來，我們就變成有善根的人。

所以眞正有善根的意思，是指善根已經開始成長，漸漸地善根愈來愈深，愈來愈厚，我們稱這樣的人爲有根基的人，也就是已經有了學佛的根基。其實從過去無量世以來，我們都曾經學過佛，所以這一世才會再接觸到佛法，有的人過去世學得不多，但是這一世開始很努力、很用功地學，這樣子也可以彌補過來，迎頭趕上。

有的人從前雖然學得很深厚，但是這一世卻很懈怠，要知道修行如逆水行舟，不進則退，在還沒有得到解脫之前，一定要努力向前，善根才會日日增長，否則只要有一天退心，不僅善根不能成長，過去的善根反而還會愈來愈小，因爲此消彼長，黑暗面增加的時候，光明面一定會減少，同理，光明面增加的時候，黑暗面就會減少。

種植學佛的善根

舉凡受三皈、五戒、八關齋戒、菩薩戒等，都是種善根。在佛陀的時代，佛制定了比丘要沿門托缽化善緣的規定，原來的目的不僅在取得飲食，同時也讓大眾有機會種植信佛、學法的因緣、善根，因此即使不是佛教徒，只要對佛、法、僧三寶生起一念的敬意或信心，禮佛、念佛、布施、供養等，就都是種善根的行爲。

佛教也以人的善惡行爲類型，說明善根的多寡：修學佛法是「有善根」；精進於佛法修行叫作「多善根」；修行時而懈怠是「少善根」；不學佛法叫作「缺善根」；不學佛而又多造惡業，則是「增不善根」。

個人的善根也有深淺，就好像學生讀書，有程度的不同。用功的學生，自然培養出深厚紮實的善根，根深而大，生長力便會增強；如果荒廢不用功，善根也就停滯無法成長，根小而弱，遇到風雨烈陽，就容易受環境影響，還可能因而起退心。因此，種善根得靠自己努力，善根愈種愈深厚，學佛修行不懈怠，就有助於修行時減少障礙，也更有著力點。

善根是成佛的直接因

進一步來說，善根是成佛的直接因，成佛必須具備五種善根，稱爲「五根五力」，是一種修行次第，即「信、精進、念、定、慧」，善根發起之後，修行的工夫才能著力，而能繼續精進修行。這五種善根都是修觀和修定所必須的根基，每一種善根的根基都有力量，是解脫道和菩薩道的基礎，所以稱爲「根」。這些善根的增長，全賴自己用功努力。

（李蓉生　攝）

Question

07

如果沒皈依，誦經、念佛有用嗎？

依經典所說，誦《金剛經》，有不可思議功德；誦《阿彌陀經》，十方諸佛都會護念。只要以虔敬心念佛、誦經，都有無量功德。經典中並沒有提到一定要皈依三寶才能獲得功德，然而如果要做正式的佛教徒，則應該要皈依。

進入佛門的第一步

皈依，是進入佛門的第一步，也是建立學佛信仰心的開始，表示開始納受佛戒，邁向成佛之道。皈依之後，不論在心態、生活、習慣各方面，都有善知識、諸佛菩薩、護法龍天的引導與協助，幫助增強學佛的信心與意志，自己也會更懂得自我約束與警策。如果沒有經過皈依三寶的儀式，當然也可以學佛，若能正式皈依，建立正確知見，如法修行，在念佛、誦經時也會更有信心。

以佛法認識佛法

有些人以爲修學佛法，只要自行研究佛經就可以，並不需要皈依佛、法、僧三寶，這種觀念並不正確，因爲皈依三寶的確有其重要性。

佛法不會以權威或壟斷方式強迫人皈依學佛。在沒有佛的時代，當然不需要皈依三寶，因爲根本沒有三寶可皈依，比如獨覺的聖人不需要有老師的教導，靠著自己獨自發現十二因緣法，也一樣能夠自證、自悟。

雖然不皈依三寶，自己看佛經，自己學佛法，也是被容許的，同樣也可得到佛法的利益。但是生在有「佛」之世，有佛說「法」，有「僧」傳法，那麼就應該皈依三寶，回歸佛法，以佛法認識佛法，以佛法解釋佛法，接受專業的佛法老師指導，改正自己的過失，指引正確的道路，如此才能證明所學的是不是正確的佛法，澄清修行的方向是不是有問題。

Question

08

學佛一定要吃素嗎？

素食雖是佛教鼓勵的事，但卻並不要求所有教徒非得一律吃素不可。素食是大乘佛教，尤其漢傳佛教的特色，是爲慈悲一切有情衆生的緣故，所以在南傳地區的佛教國家乃至出家的比丘，都不堅守素食；西藏的喇嘛，也不守素食，但他們不親自殺生。

因爲，五戒的第一條就是「不殺生」，信佛之後，如能實行素食，那是最好的事，若因家庭及社交上的困難，不吃素也不要緊，但是不可親自屠殺，也不可指揮他人屠殺。買了屠死的魚肉回家，那是無妨的。

吃素增長慈悲心

英文有句諺語：「You are what you eat.」意思是透過所吃的食物，可以初步認識一個人的性情、健康狀況，甚至是品格和思想觀念；相較於每餐大魚大肉的人而言，素食者往往給人溫和、善良的第一印象。

佛教認爲衆生平等，出自慈悲一切有情衆生的心念，也尊重一切衆生都有成佛的可能性，因此鼓勵素食；而以吃素來增長慈悲心，轉化性情，是符合健康、自然的飲食觀，也最符合佛教精神。

如果發願吃素而得不到親友的理解，從親友的立場來看，多半是對於素食的營養足夠與否存有疑慮，或是主觀認爲吃肉是生活中自然的事；這時素食者可以透過和善的言語溝通，表達吃素的用意，來取得親友對素食的認同。

匯聚眾人的善念善行

在現代，由於環保與愛護動物的觀念愈來愈普遍，素食已是全球化的運動，甚至逐漸改變人類的飲食取向；選擇素食，如同匯聚眾人的善念善行，祝福地球環境與眾生免於恐懼、安樂永續。個人也應具備素食的營養攝取常識，從坊間書籍與網際網路都能取得參考資訊。有正確的知識，配合自己的身體狀況，均衡飲食，用健康的身體和顯現於外的慈悲心性，是呈現素食利益的最佳溝通。

Question

09

六根不淨能學佛嗎？

許多人以爲，凡是進入佛門，就是六根清淨的人。但什麼是「六根」？什麼又是「六根清淨」呢？

所謂六根，是指生理學的全部範圍。佛教看一個人的構成，是從生理、物理、心理的三方面來分析的。六根是屬於生理學，加上六塵的物理學及六識的心理學，便是一個人的總和，六根、六塵與六識，統稱爲十八界，此三大類相互爲用，缺一不可。因爲六塵、六識要以六根爲媒介才能產生作用，六塵與六根要靠六識的判別才有價值，六根與六識要有六塵的反映才有功效。

（鄧博仁　攝）

六根、六塵和六識

六根、六塵和六識是什麼呢？「六根」即是眼、耳、鼻、舌、身、意，從心理與物理的媒介功能上說，也就是生理學上的神經官能。從六根所接觸的對象上說，稱爲「六塵」，即色、聲、香、味、觸、法，也就是物理學上的各類物質。從六根接觸六塵而產生的判別力與記憶力上說，稱爲「六識」。

如果沒有六識，而僅有六根的器官和神經，那就只是死屍，不是活著的人，所以六識是六根的操縱者，六根是六識用來接觸六塵的工具。如果說，六根是鏡子，那麼六塵就是被鏡子所照的影像，六識是判別鏡中所照影像的人。

六根清淨

爲什麼要說六根清淨呢？

因爲六根是六識的工具，作善作惡，固然是出於六識的主張，造成善惡行爲的事實，卻在於六根的作用。一般人流轉於生死輪迴的苦海中，就是由於六根不曾清淨，從無始以來的一切罪業，均由六根所造，比如眼根貪色、耳根貪聲、鼻根貪香、舌根貪味、身根貪接觸時的細滑、意根貪喜歡快樂的境界；有貪，也必有瞋與癡，是由無明煩惱而來，「貪、瞋、癡」三毒交加，煩惱不已。

一般人除非進入禪定的境界，否則很難沒有妄想，妄想是促成六根造業的導火線；而佛教的戒律，就是妄想與六根之間的滅火器。

正因爲六根不容易清淨，唯有學習佛法，在戒律的防衛下，六根才能漸漸地清淨，一旦到了六根清淨的程度，超凡入聖的境界，也就快要接近了。

Question
10
眞的有西方極樂世界嗎？

不只剛學佛的人會對西方極樂世界的存在與否大感好奇，不少人學佛多年，甚至全家都是虔誠的佛教徒，心中卻仍然存有一個疑問：「眞的有西方極樂世界嗎？」「極樂世界又是在哪裡？」這個疑問雖然不會影響信仰，卻讓人擔心是否代表自己的信仰心不夠堅定？

學佛多年，至今仍會有這個疑問，是因爲信心沒有建立的緣故。

建立信心

學佛以信心爲第一個重要條件，不管修學佛教任何法門，都必須先要有信心。信心是相信佛陀在各經中所說之法，都是眞話實語。不管自己是否能夠做到，都應相信。對於佛陀之言，語語眞實，不得懷疑，不須推敲。佛教修行的方法很多，所謂「法門無量」，每一法門，皆是針對不同的根性需要而說。不同種類的人有相同的根性和不同的根性，不同時代環境的人也有相同的根性和不同的根性，所以需要以無量的法門來接引無邊的衆生。

因此，應該培養信心才是。

極樂世界又稱西方淨土，是由阿彌陀佛願力所成的佛國淨土。對於極樂世界讚揚最多、最重要的佛教經典是《阿彌陀經》、《無量壽經》、《觀無量壽經》，合稱為「淨土三經」，可以讓人認識極樂世界的樣貌。

如經中所說，在極樂世界裡，無論環境或生活其中的衆生都是清淨莊嚴的。極樂世界裡的環境，有七重行樹、七寶蓮池，蓮池底是金沙鋪成，還有許多美麗的宮殿。微風吹過七重行樹時，會奏出裊繞的音樂，與飛鳥念佛、法、僧三寶的聲音相和，使人忘卻種種煩惱。因此，即使凡夫到了西方淨土之後還是凡夫，卻因能親近諸佛菩薩，而且聽到的都是念佛、念法、念僧等清淨之聲，所以可以使人漸漸從凡夫轉而成爲聖人。

想要往生西方極樂世界，需具備信、願、行三要。信，是相信極樂世界存在、相信念佛能往生極樂世界，並且相信自己若能敬信修習，必定能得到阿彌陀佛的救度接引；願，是願意離開這個娑婆世界並往生極樂世界；行，就是念阿彌陀佛，並且修一切善法，例如：孝養父母、敬事師長、救護生靈、布施行善、皈依三寶等。

因此，只要對阿彌陀佛的本願有信心，有求生西方的願心，並且依教奉行、一心念佛，必定能得到阿彌陀佛的接引，往生西方淨土。

（李蓉生　攝）

一念即在淨土中

雖然只要信、願、行具足，即可往生西方淨土，然而，聖嚴法師根據經論歸納出淨土有四類：人間淨土、天國淨土、佛國淨土、自心淨土，而極樂世界僅是四種淨土中的佛國淨土之一。

近代有許多佛教徒對西方極樂世界產生誤解，認爲那是一個死亡之後所去的地方。事實上，西方淨土的觀念，並非一個相對於人世間的他方國土，而是只要當下一念清淨，一念即在淨土中；同時，西方淨土是不離人間的每個當下一念。

Question

11

學佛能提昇自己的心靈嗎？

很多人下班後，不是到處逛街，就是在家看電視，生活已離不開聲光娛樂，卻又害怕自己就此耽溺其中，不知該如何拯救自己的心靈？如何利用佛法來提昇自己？

加強自我的克制力

人很容易受外境影響，如果不是已經很明確、很肯定知道哪些事該做、哪些事不該做，而且自己也很篤定要履行善事、除去惡事的話，多半是會隨波逐流的，所以最安全的辦法是，不斷地親近正信道場和善知識，跟隨善知識學習，避免接觸知見錯誤、人品不佳的人，並避免接收與傷害身心健康的資訊。如此，時間久了，自然對自我的克制力就會加強。

懷著慚愧心

學習佛法提昇自我，必須從兩方面來做，一方面是多看、多聽佛法，即所謂的「解」；另一方面是學習修行的方法，並落實在生活中，持之以恆，這就是「行」，如此「解行並重」，就能逐步提昇自我，在修學的過程當中，還有一點必須要提醒自己的，就是不可以得少爲足，學到一點佛法，就自覺很行了，應經常懷著慚愧心來修持，如此才能不間斷地日新又新。

2

學佛有方法

Question 12

爲什麼佛教徒都用「阿彌陀佛」打招呼？

阿彌陀佛的梵語，一名Amitāyus，又名Amitābha，意思是無量壽、無量光，表示超越時間和空間的無量、無邊、無際。中國的佛教徒以「阿彌陀佛」互道招呼，有祝福長壽、光明之意，光明無量也意味著希望無窮，是幸福圓滿的祝福。因此，逢人見面互道一聲佛號表達祝福，已成爲漢傳佛教的一項特色。

以「阿彌陀佛」打招呼的典故，據傳來自淨土宗六祖永明延壽禪師。禪師日誦十萬遍阿彌陀佛聖號，隨時隨地都在念佛，因此當人們和他打招呼時，禪師也就隨口而出一句「阿彌陀佛」。初學佛的人也可以學習大師的芳範，在行、住、坐、臥之間都能不離佛號，如此不但能使身心更加清淨，以「阿彌陀佛」佛號關懷、祝福他人，也爲社會增添了祥和氣息。

（江思賢　攝）

Question

13

要稱出家人爲「師父」還是「法師」？

稱呼出家衆爲「師父」或「法師」，其實意思相當，兩種稱謂並沒有分別，可依個人習慣或不同道場的文化而定。

法師的資格

對於善於學佛法，也善於說佛法的人，我們會尊稱爲法師。根據《根本說一切有部毘奈耶》卷十三，比丘可分爲經師、律師、論師、法師、禪師，一共五類。擅長講經、誦經的，稱作經師；善解戒律，學戒、持戒，並善於解答戒律問題者稱爲律師；擅長造論闡揚佛法的是論師；長於修禪的是禪師；以及善於以佛法爲師、以佛法師人的法師。

（江思賢　攝）

和尚的資格

中國古典戲曲、小說裡常稱呼僧人爲和尙、尼姑，這是不正確的稱呼。和尙，專指德高望重的出家人，是親教師的意思，要有一定資格、堪做人師者，才能稱呼男衆出家人爲和尙，女衆出家人則稱爲和尙尼；所以，在家衆不能隨意稱呼女性出家衆是尼姑，和尙則要視其情況。現代人也習慣稱有爲有德的出家人爲大師，但在中國歷代，大師的稱號通常是由皇帝所賜，是朝廷對德高望重、堪爲國師的僧侶的敬稱。

在家居士只要用禮敬佛、法、僧三寶的恭敬心，稱呼法師或師父，就是適宜的稱呼方式了。

Question

14

佛教徒可以禮拜民間神明嗎？

有些居士家裡不是全家學佛，所以當遇到需要陪伴家人到一般民間信仰的廟宇時，對於民間信仰神祇，往往不知應該隨眾禮拜或是不理睬？

雖然三寶弟子在皈依三寶之後，就不得再皈依天魔外道、外道邪說、外道徒眾，否則便失去三寶弟子的身分；但是對於外道仍需尊重、恭敬，只要不存皈依之心即可。當需要陪同家人到一般民間信仰廟宇時，可以向家人說明自已皈依三寶，以讓家人了解，取得他們的諒解，並以恭敬心向其神祇問訊即可。

Question
15
佛教徒可以求神問卜嗎？

一般民間信仰的宗教層次，僅在於讓信仰者藉由各種祈禱儀式來求取神的救助，卻沒有提供信仰者由自身做起而能自救救人的修行指導。對一個正信佛教徒來說，能夠淨化自己、強化自己，進而效法救人助人的菩薩精神，使自己的人格更臻於圓滿，是更重要的事，所以不會盲目地崇拜神格化的人物，以及依賴神異現象。

找出安身安心之道

但是求神問卜，在現今儒、釋、道混雜的民間信仰中是很常見的現象，信仰者所祈求的不外平安、健康、財富等。對於父母求神問卜一事，晚輩若是不明就裡地以強硬態度加以反對，可能會帶給父母更多的煩惱與困擾，而且不是一個究竟的解決之道。

因此，我們要常常用佛法調整自己的溝通態度，提醒自己「以慈悲對待人，以智慧處理事」。晚輩最好先能運用尊重與同理心，了解蟄伏在父母內心深處的不安為何，是父母本身健康出了狀況？生活出了問題？還是為子女的未來前途掛心？能夠找出問題的根源之後，就要適切地表達出自己的關心，並且協助父母找出安身安心之道。

因果觀與因緣觀

佛法的因果觀與因緣觀，在此時就可發揮很大的效用，聖嚴法師在《平安的人間》一書中便提到要「以因果的觀念來面對現實，以因緣的觀念來努力以赴」。佛法相信命運操之在己，一切的果報都來自過去世及現在生中，所有善業及惡業都是在因緣成熟下所展現的成果。所以在身、口、意三業上，勤修善業、不造惡業，利人利己，才是世界上最好的保險。

有了因果與因緣的觀念，就能面對與接受眼前的事實。不論是好是壞，都能負起責任、坦然接受，如此便能將那顆因不安而求神問卜的心，轉換爲藉由自身在每個當下的努力修行，而得到的穩定信心。人生有了努力的目標，不但不會因爲身心無法安定而悽悽惶惶，也不會想藉求神問卜來趨吉避凶了。

Question

16

佛教是無神論，爲何還拜佛？

佛教的無神論，是指不認爲宇宙與人類及衆生都是由全知、全能的神所創造。佛教基於諸法從因緣所生的觀念，認爲宇宙萬物的現象，是由衆生的業緣所創造，由衆生的共業所形成，觀念和有神論不同。佛教的無神論，和唯物論的否定鬼神存在也不同。佛教的許多經典都提到鬼神前來聽法、請法，因爲鬼神爲六道輪迴的衆生之一，仍然隨業流轉，但不是佛教徒所依止的對象。

禮佛以見賢思齊

佛教徒以禮拜佛菩薩做爲修行的方便法門，從禮拜當中，生起恭敬心、感恩心、懺悔心、信願心，也是時時提醒自己見賢思齊。佛教徒見到佛像，就如同見到師長、父母或善知識，以恭敬心的行儀爲必要的禮節。向佛菩薩行禮時，若在

（李東陽　攝）

大殿或佛堂，可以行五體投地的禮拜，如果場所不適合行禮拜，只要雙手合掌或問訊即可。

合掌表示恭敬

佛教徒於一切眾生都以恭敬心對待，對於其他宗教的神像或廟宇，雖然不行五體投地禮拜，仍可以合掌表示恭敬。聖嚴法師在建設法鼓山世界佛教教育園區時，每當經過當地居民原來崇祀的土地公廟，總是特別停下來恭敬地合掌、問訊，感謝土地公爲大眾守護道場、照顧法鼓山這塊土地。

Question

17 如何處理家中供奉的神像？

如果家中原本就已供奉神像，在信佛、皈依三寶以後，不必急著立刻把他們移除，應該逐步溝通和協調，經過全家人同意之後，對原有的神像焚香、供養、禱告，再收藏起來，或移到他處。

神佛同案供奉

如果家中有人信神，也有人信佛，則可以把神佛同案供奉，因為一切善神都樂意親近佛法、護持三寶。因此可以把佛像安放正中間，菩薩像供兩邊，讓諸神像在菩薩像的外側，當作三寶的外護，也成為佛弟子，修學佛法，種成佛的因緣。

供奉佛像的地方，是家庭的中心，應以安定力和清淨感爲佳，爲了避免佛壇過於龐雜，最好還是以一佛代表一切佛，一菩薩代表諸菩薩，再把神像逐步遷移到其他合適的地方。

上報四重恩

至於祖先牌位，家中並不一定要供奉，如仍要供奉，可以放在佛像的下首，或是改用較小的佛桌或佛龕，單獨供奉，也可以把祖先牌位移到寺院的往生堂。華人設置祖先牌位，是表達愼終追遠、報恩不忘本的孝思，佛教也強調報父母恩，而且還要報三寶恩、國家恩、衆生恩，即是佛教徒的「上報四重恩」。因此，更誠敬、積極的報恩孝行，是隨時心存感恩心，以佛法智慧改造內心，將善念化爲具體行動，在社會上做奉獻利他的事。

Question

18

釋迦、芭樂可以供佛嗎？

民間信仰在供果時，有某些禁忌或講究配合諧音與數量，例如釋迦或多子的水果不能用來供佛，或用鳳梨供佛代表好運旺旺來，或主張供果的數量必須用單數等。在佛教沒有這些分別和忌諱，供養者只要發自一念虔敬，用新鮮、乾淨的水果，擺設得整齊大方、莊嚴樸實，能與殿堂或家中佛堂的氣氛相襯，就是契合供佛的本義。

供果沒有種類限制

佛教徒禮敬三寶，若有清淨美好的飲食，都會想要先供佛。其實釋迦牟尼佛在托缽行化時，對於物品的種類或優劣，並沒有特別要求，凡是信眾至誠又清淨的供養，都會受到佛陀的讚歎與祝福。所以供佛的水果沒有種類限制，也不一定要挑選最大、最漂亮的供果，數量也不限定雙數、單數，可以衡量個人物力、財力，在能夠負擔的範圍內，不草率也不鋪張，以恭敬心行最歡喜的供養。

恭敬如法

在佛前供果，是以清淨念請佛受供，也可以爲衆生祈願以佛法爲甘露法食，解除飢苦煩惱。供佛的時間，依照佛制的僧食時間，最好在清晨到正午之間，避免在下午或晚上供佛，更不能讓食品在佛前過夜或上供多天。雖然佛像不是眞的受食，但是供養者仍要恭敬如法，藉此也更容易引發學佛向道的心。

Question
19
可以只念觀音菩薩，不念阿彌陀佛嗎？

往生阿彌陀佛的西方淨土，主要關鍵是在有無信心與求生的願心。有了信心、願心之後，其次是圓滿願心的實踐行爲，而此行爲是爲了清淨自心、增長善行善心與廣度衆生的菩提心。

相信西方淨土

如果信心、願心堅固，行爲良善清淨，最後即可往生西方淨土。因爲願生西方淨土時，即是對西方淨土相信，而且心向阿彌陀佛的西方淨土，如此即使只是念觀音菩薩，還是能夠往生，因爲你已對淨土有信心與願心之故。

（鄧博仁　攝）

佛佛道同

所謂「佛佛道同」、「佛佛平等」，以佛教的觀點來看，諸佛的功德平等無差別。不但念觀音菩薩可以求生西方，念藥師佛、地藏菩薩、普賢菩薩也可以求生淨土，並且消災免難。只要選定一佛或一菩薩，或一特定法門、經咒，就可以滿足人世間的要求，如果持之以恆修行，定能成就佛道，廣度衆生。

Question

20

什麼是「開示」？

常有人對法師說：「請開示。」有關請善知識說法稱爲「開示」的典故，出自《法華經・方便品》。佛陀在經中說：「諸佛世尊，唯以一大事因緣，故出現於世。」這一大事因緣，即是開佛知見、示佛知見、悟佛知見、入佛知見，也就是讓衆生開啓跟佛一樣的智慧、體驗到佛之智慧所證的境界。在「開、示、悟、入」四種層次中，「開」與「示」是就說法者而言，「悟」和「入」是就聽法衆來說。因此，現在我們請善知識說法，稱爲「開示」。常有新聞媒體將「開示」寫爲「開釋」，這是錯誤的寫法。

取得珍貴的法寶

明師與善知識開、示佛之知見，就像一位擁有無盡寶藏的智者，帶領大衆前

（江思賢　攝）

往藏寶庫，敞開大門，公開顯現所有寶物；悟、入則是隨同前往的大衆一一記下寶物的位置，並且進入寶庫，拿取自己歡喜的珍寶，人人都獲得了珍貴的寶藏。

讓衆生理解以佛的智慧所見到的世間實相，即爲「開」佛知見、「示」佛知見。「悟」佛知見，則是衆生了解佛之知見，茅塞頓開，如禪宗所說的開悟。就像六祖惠能大師，聽到《金剛經》中的「應無所住而生其心」經句而頓然開悟。「應無所住而生其心」是佛之知見，六祖聽聞後，即時領會此句意涵，是爲開悟。「入」佛知見則是自己不僅悟到了，並且親自體驗到。悟、入兩者的層次不同。

請善知識說法開顯佛智

聖嚴法師曾譬喻，若將佛之知見比喻爲光明，悟，就是見到了光明；入，則是自己進入光明，也化爲光明。亦即體入佛之知見，也化爲佛之知見，與佛之知見無所差別。因此，衆生、佛與自己的心，渾然成爲一體。心、佛、衆生，三無差別，即爲入佛知見。

我們如今遇不到佛，所幸還有許多代佛宣化的善知識，能爲我們開顯佛的智慧、引導指示修學佛法的方向，所以請善知識說法，稱爲「開示」。

Question

21 要不要供養在菜市場托鉢的出家人？

佛陀時代的出家人，出外托鉢的目的在於借此因緣，廣結善緣，傳播佛法，祝福施主，這也是一種修行的方式。

一日不作，一日不食

此種沿門托鉢的生活方式，在現今的泰國、緬甸、斯里蘭卡等南傳佛教國家仍然存在；但在北傳佛教國家，尤其是中國，出家人的生活方式已經不再沿用托鉢的方式來乞食化緣，而是由各個道場的大寮（即廚房）負責煮食。尤其在唐朝百丈禪師強調「一日不作，一日不食」的精神後，僧人更強調自立的精神，或以奉獻社會、服務人間，勸募社會大眾來護持道場。

因此，托缽乞食在近代臺灣環境，已經很少了。

保持恭敬心

遇到托缽的出家人，如果不能確定他們是否爲眞的出家人，不妨採保留的態度，但是心裡不要起煩惱，仍然保持對僧寶的恭敬心。不過，希望出家人都能依團體共修的道場安住，不再需要出外托缽。

Question

22

爲何要供養三寶？

供養三寶是種福田的方法之一，屬於修恭敬心的「敬田」。當佛陀還在人間時，人們會以衣服、飲食、臥具、醫藥供養僧團和諸佛菩薩，稱爲「四事供養」。因此供養的意義有二層：一是以能捨、喜捨的心取代慳貪吝嗇，成就他人的安樂；二是對於三寶見賢思齊，藉著供養的形式，期許自己向諸佛菩薩學習度衆生、修菩薩行。

布施珍愛的東西

《地藏經》裡提到的「玩具」，不是指小孩子的玩具。舉凡鐘鼎字畫、金石珠玉、古董寶貝等，專供人們賞玩的器具，都是佛經裡指的「玩具」、「珍玩具」。這些東西不是日常生活的必須物品，卻是人們心愛之物，如果連最珍愛的東西都能布施出來，供養佛、法、僧三寶，心中對於世俗的珍寶不執著，那麼貪欲煩惱也能漸漸淡薄，進而除去了。

具足恭敬心與布施心

或許我們會問，一定要拿出最貴重的物品供養三寶嗎？比釋迦牟尼佛更早住世的毘婆尸佛，曾接受小孩子以手中把玩的玩具小象為供養。玩具小象不是世間珍寶，卻是小孩子最心愛的物品；佛不需要玩具，卻歡喜見到每一位供養者都具足恭敬心與布施心。

（鄧博仁　攝）

Question

23

學佛有許多法門，學哪門最好？

在佛法中有八萬四千法門，不同個性特質和根器的衆生，應該選擇適合自己的修行法門，深入修持才會有所成就。法門中的確是有大有小、有難有易，可是很難講哪一門是最好的，因爲門門都通向解脫，門門都通向涅槃大城的成佛之道。

每個法門、每位佛菩薩都能滿我們的願，如果爲了滿足不同的願望，而經常更換修行的方法和禮拜的對象，猶如更換法門，達不到一門深入的工夫，修行也就不得力。正信的佛教徒，是在學習佛的慈悲與智慧，專注修行一個法門，以完成戒、定、慧三學的修行目的，只要不離信仰佛、法、僧三寶的原則，縱使不求現實利益，現實的利益在生活中也會自然成就。

至於該修持哪個法門？但看個人因緣。學佛路上遇到的師長、善知識，提示我們修持哪個法門、念哪個聖號，就是個人因緣，表示我們與這個法門、佛菩薩有緣。再者，也可以根據自己相應的方法去用功。佛教有許多修行方法，例如：念佛、禪坐、拜佛、誦經、持咒、拜經、拜懺、朝山等；有人歡喜淨土經典，有人歡喜講「空」的般若經典，每個人相應的法門不同，只要是正統正信的方法，修持的時候感覺受用、歡喜，就是相應。

一門深入

個人的修行一定要一門深入，法門如果太多了，就好像一次吃太多東西，不但不能消化成爲營養，反而會把肚子吃壞了。一門深入，專心修行一個法門，持之以恆，自然能夠從所學當中受用。

如果雜修雜行，時常變換法門，雖能夠成就善業，卻不容易成就解脫業，如同諺語所說：「門門通，門門鬆。」這是形容人對任何事物都一知半解，總遊蕩在每道門外，永遠進不到門內；聖嚴法師也曾以「摸門教」來形容這樣的學佛心態，會使所學的法門不得力，也就談不上以佛法自利。

我們不能夠要求自己門門樣樣都精，這是不可能的事，《楞嚴經》裡描寫二十五位菩薩，每一位菩薩也只專修一個法門，例如觀世音菩薩修耳根圓通，這是用耳朵來聽的法門，另外有的修鼻子，有的修眼睛，有的像大勢至菩薩就是專門修念佛法門，一門深入之後，便能夠圓通所有法門。

「圓通」是指只要進入一門，就門門皆進。寺廟的大殿有好幾個門，進了一個門就等於進了所有的門，進來以後，從任何一個門都可以出去，所以在進來之前，不要在外面徘徊，摸摸這個門，又摸摸另外一個，恐怕這個門進不去，那個門保險一點，到最後人還是在門外，根本就進不來，所以要一門深入，不要貪得無厭。

（鄧博仁　攝）

法門無量誓願學

然而為了幫助別人，為了度眾生，就必須「法門無量誓願學」，要增廣見聞、飽參飽學，這時候你可以告訴他人：「我這個懂得一點，那個也懂得一點，但不是很專精，不過這一門你可以走，那一門也可以。」也就是說佛法有無量，方便有多門，為了不同程度的眾生，以及眾生在不同時間有不同需求，所以要有無量法門，但是自己的修行最好只有一門，最精的也是一門，同時也不要站在一門而批評其他的門，否定所有的門。

初學佛法，貴在一門深入。一門深入自利的同時，隨時要發菩提心，修行的當下要想到，所學都是為了利益眾生，以這樣的心態修行，懂得多少佛法就會告訴別人多少佛法。為了告訴別人佛法，自己會主動去修學佛法，帶著這種奉獻的心，成就他人的心，自然而然會生發「法門無量誓願學」的願。

3

非做不可的功課

Question

24

念佛一定要拿著念珠嗎？

初學念佛，爲了使發心堅定，最好設定一個數量做爲目標；使用念珠或計數器便能幫助記數，清楚計算每日達成的念佛功課。

提醒念佛

念珠除了方便記數，念佛當中若打了妄想，忘記正在念佛，當手觸動著念珠時，很快又會提醒自己專注念佛。所以念珠還有提醒念佛的功能，與記數的功能互用，幫助佛號更容易入心。

聖嚴法師在《聖嚴法師教觀音法門》一書中提到，使用念珠記數的方法，即一手拿著一串一〇八顆的長數珠，一手拈著十顆的小數珠，每轉念完一遍長數珠，則撥一顆小數珠，小數珠轉完一圈，便知已念了一〇八〇遍佛號，小數珠數過十圈，則完成了一〇八〇〇遍。

安住在佛號

當日常生活中養成了無時不刻念佛的習慣，身、口、意已恆常安住在佛號當中，也就不用再刻意使用念珠記數了。

Question 25

念佛要大聲念，佛才聽得見嗎？

許多人念佛常常會念到嗓子啞了，懷疑自己念佛的方式不對，又但認爲「大聲念見大佛，小聲念見小佛」，所以還是堅持念佛一定要念得很大聲。

放鬆身心專心念佛

念佛是很好的修行法門，可以清淨身心。不過，念佛時除了要專心之外，也要把身體坐正、身心放鬆，讓氣沉在位於腹部的丹田。念佛號時氣從丹田出，聲音經過口中出來，這樣放鬆身心專心念佛，既可減少雜念，又不會啞了嗓子。

大聲念佛對治妄想及昏沉

在念佛共修時，身體可能會出現不舒服的感覺，心裡會有許多雜念，這時要

（李東陽　攝）

端身正坐，大聲念佛始可降伏妄想、雜念；妄念減少了，心中呈現平靜時，即可不必大聲念，只要適中的音量，讓身心感到清明輕鬆舒暢。所以，有較重的妄想雜念及昏沉時，才必須大聲念佛，以對治妄想及昏沉。

大聲念佛不是爲了要念給佛聽，而是爲了調節身心狀況，讓身心安定，同時保持專心念佛的力量，才能發揮念佛的修行功能，在生活中就能多一分安定與清楚的智慧了。

Question

26

上廁所可以念佛嗎？

平常生活中，如果心中能夠經常念佛，是非常好的。只要心中有佛號，心中就有正念，就能清淨，所以，修行念佛法門的人，平時在不影響正常生活及工作的前提下，應經常保持心中有佛號，直到命終爲止。

至於上廁所是否可以念佛？可以的，因爲既然選擇以念佛爲自己的修行方法，就要在可以念佛的情況下，盡可能地念佛，不過在一些較不清淨的場所，如廁所或有他人在場的公共場合，就不出聲，改爲用心默念，一者是心存恭敬，一者是不會干擾別人，使他人不舒服。

Question

27 禪坐坐不住怎麼辦？

很多人希望可以透過禪坐鍛鍊身心，但是卻無法久坐，一遇到腿痛、腿麻就想要放棄打坐。禪坐可以鍊身，更重要在於鍊心，培養意志力，讓心安定、澄清，而能對世間人、事、物看得更透徹。而鍊心必須克服身體的痛、痠、痲障礙。

身體要放鬆

禪坐的根本原則是身體要放鬆，平常或禪坐前做放鬆運動很重要，例如法鼓八式動禪。坐的姿勢要平穩，身體上的痛、癢，知道而不管它。除了頭部有發熱、發燙的情況，可能是生病或感冒，需要吃藥休息，對於身體上的任何狀況都不管它。如果實在疼痛得很厲害，眞的坐不住，腿痛就放腿，背痛就彎腰，頭痛就將注意力放在臀部與蒲團之間。

（江思賢　攝）

練習接受疼痛

但是如果身體疼痛的程度不嚴重，疼痛感反而有助於專心禪坐。初學者可用數息法來集中心念，如果實在痛得無法數息時，可以將心念集中在對痛的感受上。痛至極點時，痛感會轉爲清涼。當然，下座後的全身按摩也是不能省略的。

練習接受身體的疼痛，也能讓人將薄弱意志鍊成堅強毅力，浮躁性情鍊成穩重威儀，缺乏自信鍊成充滿信心。

Question
28

佛經有哪些修持方法？

經典是法寶，見經如見佛，佛教徒非常重視經典的受持讀誦。在大乘佛教中有十種修學經典的方法：書寫、供養、施他、聽聞、讀、受持、解說、誦、思惟、修習，稱爲「十法行」。這十種學習經典的的方法，若對照聞、思、修三慧的修持，前八項是「聞慧」，第九項是「思慧」，第十項是「修慧」，如此次第修學，可穩定慧學的基礎。

對經典法義有信心

《法華經》提到修行此經的五種法門：受持、讀、誦、解說、書寫。「受持」是指聽聞諸佛菩薩的教法後，接受觀念而不會忘失；「持」有記住不忘的意思。例如受三皈五戒之後，能如實以佛、法、僧三寶爲學習對象，並且遵守戒

（李東陽　攝）

律；聽到一句佛法，能積極實踐不懈怠。佛教重視對經典的受持，顯現學佛者對經典的法義已有信心，願意如法學習，日久就能從修學佛法中得到助益與成長。

「讀、誦」在佛教典籍的意思，看著文字是「讀」，把文字背出來是「誦」。聖嚴法師曾比喻：「讀經猶如照鏡，面對經義，檢束身心，以助受持更加得力。誦經是將經文熟背，銘記在心，隨時隨地舉心動念處，均可及時運用經義的法門，與日常生活的行、住、坐、臥合而爲一，同時也能朗誦傳持給其他的人。」但近代「誦經」所指，只要是將經文唱誦出來，即是誦經。由此可知：念，是看著文字，把經文讀出來；只用眼睛看而沒有讀出聲，是「閱」經；既恭敬又專注地拿筆將經文抄寫下來，是鈔經。

爲人「解說」佛經，能讓人歡喜信受佛法。「書寫」佛經在印刷技術發明前，用手抄寫是最佳的流傳佛經方法，現代人則可用更多元的方式弘法。

拜經的方法

至於拜經，則是佛教的一種修行方式。例如拜《法華經》，方法是念一句「南無法華會上佛菩薩」和「南無妙法蓮華經」，再依經文逐字拜下，一字一拜，直到拜完整部，目的不在理解經文內容，而是禮拜在佛陀宣說法會上，參與殊勝法會的諸佛菩薩、阿羅漢和龍天護法。

所謂：「誦經不如解經，解經不如行經。」學佛就是轉變行爲和觀念，運用經典的教導來修行，把我們的貪、瞋、癡、慢、疑都一一改正過來，用慈悲心、包容心與人相待，在團體中奉獻自己的聰明才智，用智慧與理性解決各種煩惱，也就是提昇人品，以心念淨化的力量，進而達到淨化人心、淨化社會。佛教是智信，強調理性、智慧的信仰，而不是迷信，有了正確的學佛觀念，如實修行，不但利益自己，也還能幫助他人，這就是自利利人的精神。

Question

29

持咒有用嗎？

持咒的功能應該被肯定的，有它的效用。

消除業障的辦法

在佛陀時代，少數弟子曾採用咒術而爲佛陀所不許。佛陀涅槃後，佛弟子成員日漸複雜，有的人本來就是外道的咒術師，皈依三寶而出家爲比丘，所以會用咒治病，但是依照佛法的根本精神來說，應該有病看醫生，有災難要懺悔，存善心做善事，才是化解仇怨、消除業障最佳方法，所以不重視咒語的使用。

持咒具禪定效果

將同一種特定的語句反覆持誦，便會產生咒的力量，除有代表神明的靈力，最重要的持誦者的心念集中力，持咒愈久，效驗愈強。持咒也具有修行功能，反覆持誦同一咒文，能幫助人練習攝心，達成統一身心，從有念而至無念的禪定效果。由於持咒能幫助修行，後期的佛教便不反對使用持咒的法門。

梵文的咒有總持的意思，意即以一咒的咒法，統攝一切法。由於持咒同時有持戒、修定效用，能夠產生慈悲心和智慧力，必然可以去執著轉變心態，接受所受的一切因緣、際遇，這也就是在消業障了，同時也必定能感通諸佛菩薩的本誓願力。因此，持誦任何一種咒語，只要修之如法，持之以恆，都會產生很大的效驗。

（鄧博仁　攝）

Question

30

家裡一定要設佛堂嗎？

學佛後，不一定要在家設佛堂，但家中如果能有一處可以安定身心來誦經、念佛、打坐的空間，是再好不過了。設置佛堂主要是表示對佛恭敬、繫念、感謝之心，最重要在於信心、虔敬心、恭敬心的感發，因此，設置佛堂不用強求，佛堂的地點與布置，也沒有一定限制與形式。

如果家中有餘裕空間，不妨挪出一個乾淨明亮的空間，即使只是一處桌面也可以，擺上佛像或佛卡、經本，甚至是一串念珠，呈現清淨、莊嚴的氛圍，可以安定攝受地在其中做功課。時時以虔誠心、恭敬心、感恩心，禮敬諸佛菩薩，增長修行道心，提醒自己學佛不懈怠；也可以做爲放鬆身心、沉澱心靈、反觀內心的禪修空間。

臥室設佛堂的辦法

有的人和家人住在一起，家人或因不同宗教，或是沒有空間可設佛堂，只有臥室是屬於自己的空間，因此想在臥室裡設小佛堂做定課，但是又擔心有失莊嚴，不知該如何是好？

由於家中的客廳，經常有家人在使用，或經常有親友來訪，會比較不容易找到空出的時間來自修做功課，此外，在家中客廳供桌上安置佛菩薩的聖像，家庭成員不一定都贊同，因此可以在自己的臥室裡設佛堂，但是臥室必須整理乾淨整齊，佛桌及佛像不用時，要用布幕把它蓋起來。

當然，如果能得到家人同意，在客廳裡安置佛堂做功課，那麼還是在客廳設置比較好。

禮敬自己心中的佛

如果家裡沒有設置佛堂的空間，或家人還沒有學佛，尚無設置佛堂的因緣，則可以在定課時，暫時用佛經代表佛，置於恭敬的位置，在課誦前後，向其問訊、禮拜，表示禮敬。諸佛菩薩的德行，是我們學習效法的典範，當我們虔敬禮拜，其實就是培養恭敬心、慈悲心，也是在禮敬自己心中的佛。

進一步來說，佛教徒信佛學佛，處處都可以念佛，處處都可以禪修，只要隨時提起修行的觀念和方法，放下煩惱與我執，我們在哪裡，佛法就在那裡，佛堂也就在那裡，則處處都能修行得力，處處都能和諸佛菩薩相應。

（李東陽　攝）

Question

31

爲什麼要持戒？

持戒是修行的根本，戒律有很多種，最基本的要算是「五戒」：不殺生戒、不偷盜戒、不邪淫戒、不妄語戒、不飲酒戒。佛教五戒的特色是不飲酒，其他各宗教是沒有戒酒的；因爲佛教重於智慧，飲酒會使人昏迷沉醉，所以不許飲酒。

推己及人的同情心

戒是一種規律，就像是法律一樣可以防止犯罪，持戒就不會造罪而自傷傷人，並遭業報，所以相當重要。

許多人誤會戒律很可怕，認爲一些不合理、硬綳綳的法律條文就叫作戒律，也有許多人把它形容爲是對人的一種束縛、傷害，這種觀念絕對錯誤，戒律非但不呆板，反而是很有彈性、很人性化的。

五戒的表面，看似消極的不作惡，沒有積極爲善的作用；其實，持守五戒含有無限悲心，是推己及人而及於一切衆生的同情心。因爲不忍自己被人殺害，所以知道他人乃至一切衆生，都有不忍被殺被害之心，所以有「不殺生戒」。因爲不忍自己的資生財物遭人偷盜而去，所以知道他人乃至一切衆生，都有不忍被偷被盜之心，所以有「不偷盜戒」。其餘三戒也是如此。

止惡行善

持五戒而能持到徹底，絕不僅止於止惡，而是進一步能做到行善。「不殺生」而要護生與救生，「不偷盜」而要行布施。其餘三戒也是，是在施予一切衆生的無畏懼心，由於我持不殺戒，不必怕我傷害；由於我持不盜戒，不必怕我偷盜；由於我持不邪淫戒，不必怕我淫亂其親屬；由於我持不妄語戒，不必怕我欺騙；由於我持不飲酒戒，不必怕我飲酒而瘋狂。

總之，制定戒律的目的，是為了保持自己身體健康，保護家庭和諧，保障社會安寧，是為了維持這三方面的安定、安全，這是做人應該遵守的基本規範，並不是很可怕的一樁事，人人都可以嘗試著努力去做。

而且，學佛要皈依三寶，等於學生入學的註冊報名，但是註冊報名，並不等於上課求學；皈依三寶之後的納受佛戒，才是學佛成佛之道的開始。所以，五戒是一切佛戒的基礎，進入佛門之後的三寶弟子都要受持。

（鄧博仁　攝）

Question

32

當義工也是修行嗎？

學佛修行不外乎修福與修慧，修福是做利益眾生的事，以增長福慧；修慧則是培養智慧，以袪除煩惱。在道場裡擔任義工，護持三寶與道場，等於是成就大眾修行、利益眾生，即是修福報，廣結人緣。如果能在承擔義工工作的同時，運用智慧或修行的方法，消除我執、轉化煩惱，則是既修福又修慧。

做義工修福修慧

舉例來說，義工共事時難免有磨合階段，因爲每個人各有不同的做事方式與想法，卻必須相互配合與互動，這時如果能用佛法來消融自我，當煩惱生起的時候，能用佛法轉化，心不隨著境轉，讓境隨心轉，不但成就執事的工作，修福當中也在修慧。

當義工，不論做多少都是修行，不論是粗工或細活，都是在修福、修慧。一般人只知道做義工可以修福，卻忽略也是修慧的好時機。因爲做義工而無法聽經或禪修，如何能「修慧」呢？其實，「慧」的意思是減少煩惱，爲了奉獻而做義工，不是爲了增加收入、增加名望而做義工，自然就會減少煩惱。

做義工也是弘法

做義工其實也是在「弘法」，即便是掃地的義工也能以無私奉獻的身教來度衆生。再者，掃地的直接功能是清潔環境，但是整潔的環境能影響他人認同佛法精神，歡喜參加修行活動，這不就是在度衆生嗎？因此，做義工就是菩薩行，就是在度衆生。

因此，不要以爲只有進入殿堂共修才是修行，爲大衆服務的義工，就是在實踐佛法，也是修行。

Question

33

共修好還是自修好？

個人修行不同於集體共修，無師自修與在明師指導下修行更是大不相同，佛教中認爲初學者不適合單獨的專精修行，而贊成應該以集體共修爲常規。

關於自修與共修，聖嚴法師曾經這樣譬喻：「個人修行猶如一根紗，很容易被扯斷，如果許多人一起修行，就像許多紗結合在一起，變成堅韌的繩索，那力量就很大了。其中的每一個人，都能因此獲得整體的力量。」

一個人修行總是容易打妄想、意念飄散浮動，甚至昏沉散亂。而且有時勇猛精進，有時又懈怠放逸；有了幾次的懈怠、放逸之後，便會對修行退失信心，甚至放棄修行。因此，初學佛者在無人約束的情況下，還無法立刻對治修行時的浮心與散心時，最適合到寺院道場參加「共修」。

雖然自己一個人在家裡打坐、拜佛、看經、誦經，也是很好，可是如果從來不到寺院，不親近善知識及同修同道的善友，那就是閉門造車，很有可能修錯了方法還不知道，自己的觀念不正確，動錯了腦筋也不清楚，也許是誤入歧途，還以爲自己修成功，得道了。而且，一個人修行很容易受到家庭環境，或者不是學佛朋友的干擾、阻擾以及誘惑，使修行不能夠上軌道，也得不到力量，因此一般而言還是以共修爲宜。

共修產生凝聚力

道場的氣氛總是令人攝受，當人們一進入道場便自然地生起寧靜安詳的心念。在道場參與共修，不可能每個人都打妄想、昏沉，衆人之中必定會有幾人修行得力，只要有人專注攝心，就可以影響周遭的人；即使偶爾出現紛亂的念頭，

（郭金典　攝）

在強大的共修凝聚力下，「心」也可以很快又回到專注修行，就像「木頭總是跟著木排跑」，當河面上的每根木頭皆牢牢緊綁，就比較能夠井然有序地安全抵達彼岸。如果是單獨一根，就很容易擱淺，或被推倒河邊，無法達到目標。

共修時有許多人在一起修行，可以使修行氣氛較爲濃厚，使得參加共修的人感受到修行力量，進而提高道心，因此，共修的確會增加修行者的精進心。

要知道只有團體才能夠幫助我們成長得更好、更快，比如森林就是一個很好的例子，森林是很多樹木聚集在一起生長的地方，每一棵樹都會長得直挺挺的，筆直地往天空茁壯，而單獨一棵棵樹散種的地方，因爲不在森林裡太自由了，就會長得歪七扭八，風吹樹倒，有一點外力重量就傾斜了。

所以佛教把寺院裡面共同生活的地方叫作「叢林」，意指把每一個人都當作一棵樹來培養，樹有大有小沒有關係，因爲只要是在森林裡面的樹，不管小樹也好，大樹也好，都會直直地往上生長，所以修行的確需要有團體、有共修道場。

共修道場對於佛教徒非常重要，選擇道場以正信、如法爲原則。剛接觸佛門的人，在無法馬上了解該道場是否正信時，不妨以社會大眾普遍認同的道場做爲選擇，在學佛之初，就爲自己鋪展平坦順暢的菩提大道。

保持精進心

不過修行卻不只是在共修時才算，在平常生活中同樣要修行，而且日常的修行在時間上比共修時間來得長，所以在日常的修行更爲重要。而日常的精進修行是指心中常存慈悲心、慚愧心來對人對己，同時常以佛法的智慧來處理自己與環境的問題，使自己於日常生活中增福增慧。

4

用佛法歡喜過生活

Question

34

修行生活是不是有很多限制？

初學佛者在修行時，常會擔心很多問題，例如：可不可以做這件事？應不應該去做那件事？長久下來，做事容易綁手綁腳，心中覺得苦悶不堪，甚至成爲他人眼中的「學佛怪人」。

把握因緣

其實，修學佛法是在行爲、語言、心念上，一邊行善、一邊止惡，行善、止惡必須配合因緣，在因緣許可下，盡量地行善、止惡，不要猶豫，把握因緣，即知即行。在因緣不許可的時候，暫時不要勉強，等候因緣許可了再說。

不過，在等待的過程，可以想辦法促成因緣的早日成熟。也就是說，要有因緣、因果的觀念，如果能信因果、明因緣，心理就比較能保持平衡喜悅。聖嚴法師曾說：「信因果，凡事不會怨尤；明因緣，凡事不會強求。」

信佛、學佛之後，比較清楚該如何訂定自己的人生方向，而且價值觀也會和昔日有所不同，而如果你的同學、朋友們沒有學佛，彼此之間難免就會逐漸有了距離，這是很自然的情形。

鼓勵朋友一起來學佛

如果同學、朋友們因此不能諒解，最好能夠向他們說明清楚自己爲什麼要學佛？學佛之後會有什麼利益？而爲了好好學佛，所以有些事情必須要做改變、調整，讓他們知道、了解自己目前的觀念和想做的事，如果可能的話，最好也鼓勵他們一起來學佛。

（鄧博仁　攝）

Question

35

佛教徒可以養寵物嗎？

現代人養寵物，多數抱持著寵物很可愛、可以在身邊陪伴的心態，往往和寵物產生互相倚賴與依戀的感情。

避免產生執著

以佛教的立場，這樣容易對動物產生執著，甚至與牠們相應，因此並不鼓勵飼養寵物；不過，如果已經養了寵物，就要用慈悲心與愛心終生對待，負起照顧牠們一生的責任。

佛教徒進行日常功課時，如果空間允許，也可以帶著寵物做定課，讓牠們接受佛法的熏習，雖然牠們今生身爲動物，但有因緣聽聞佛法、接觸三寶，來生就有機會學佛得度。

眾生無邊誓願度

不僅對自己的寵物如此，佛教徒可爲一切眾生念誦〈三皈依〉文、念佛號，希望眾生與佛法結緣，種下善根，將來若有機會得遇佛法、遇到善知識，就能夠修學佛法、種下得度因緣，這就是「眾生無邊誓願度」。

Question

36

學佛就不能愛漂亮嗎？

學佛，是學習佛陀的身儀、口儀、心儀。佛陀的身相是莊嚴的、是清淨的，是讓人看了之後會生起清淨莊嚴的心。所以，佛教徒學佛，也必須注意自己的身儀、口儀、心儀，如此才是眞正在學佛。因此，在家居士在平時或參加各種典禮時，都應該注意身儀。身儀除了身體的姿態應該輕鬆、端正之外，服裝也要注意。

居家與外出的穿著

平時居家，可以穿著輕鬆、樸素、乾淨的服裝，但是不要暴露，同時要注意端莊。外出的服裝，必須和居家服有所不同，這是一種禮貌，也是對他人的一種尊重。所以，必須選擇典雅高尙但不流俗、不華麗、不暴露的服裝。臉部若要化妝，也可以使用淡妝。若使用香水，氣味須淡雅，以免味道太濃會令他人不舒服，或讓他人起心動念。

學習佛陀的心儀和身儀

學佛之後，學習少欲知足、簡單樸素、節約惜福是正確的，但不可因而變得不愛整潔、不愛梳理；而是應該用的、穿的，還是要用、要穿，而且要用到或穿到不能用、不適合穿爲止。只要還可以用、可以穿，就得保持乾淨、整齊。另外，精神上除了生病而有病容之外，平時應保持神清氣爽、輕鬆愉快。若有心事，要以佛法的智慧來處理，不久放心裡；若無法處理，也要把它放下，不要在意它，讓面容不憔悴。如此，才是在學習佛陀的心儀和身儀。

（鄧博仁　攝）

Question

37

修行容易「業障多」？

我們常常會發現不修行時，障礙好像很少，一旦開始修行時，障礙就會出現了，可能是生活上、心理上、身體上、環境上、人事上的種種障礙；特別是在努力做大修行時，障礙更是多得讓人無法招架。

造成這種情況的原因很多，一方面是因爲不習慣，所以在心理、身體上都會產生一些困擾阻礙，另一方面則是由於平常沒有修行，一旦開始修行時，周邊的人、事都會帶給我們一些不方便，所以感覺到障礙。還有一種就是無形的怨親有緣，亦即過去生曾與我們有怨、有親的衆生，在過去生中，或許我們曾經傷害他人、結下惡緣，而成爲宿世怨業；或許與我們情執深繫的人，也會在修行時前來障礙。雖然無形，但是他們有力量，當我們眞正開始發願修行佛法時，他們擔心你會立刻逃出三界脫離生死，從此再也找不到你，要債要不到，所以就趕緊找上門了！這些是一般人都可能發生的問題。

願消三障諸煩惱

佛教把修行成佛的障礙分成很多種，這種種障礙必須一一除去，修行才能夠成功，所以佛教徒常常在佛前發願說「願消三障諸煩惱」。三障的範圍很廣，第一種稱爲「煩惱障」，這是我們內心種種的衝突和矛盾，想不開、放不下，自己製造許多假想，造成種種阻礙在心中出現。

第二種稱爲「業障」，很多人把「業」字寫成罪孽的「孽」字，其實佛經所用的是職業的「業」字，意思是指我們在這一生之中各種各樣的職業、工作，這些職務與身分所造成的障礙。

（鄧博仁　攝）

業障很重的人，即使不修行也會有許多障礙；業障稍輕的人，在尚未學佛修行時，還不會感覺到障礙，一旦開始修行，不順遂的事便接連出現；業障不重的人，一開始還能順利修行，當修行感到得力受用時，障礙便迎面而來。

最後一種障礙稱爲「報障」，報是指受果報，也就是所謂的因果報應，我們在前生、無量過去世所造的種種業因，在這一生得到了果報，使我們沒有機會聽到佛法，也有可能是使我們不希望聽到佛法，比如說，有的人一聽到宗教，就覺得討厭；一聽到佛法，就說是迷信；一聽到要去寺院聽法師講經，就產生抗拒心態，認爲自己不需要聽聞佛法，這就是一種報障，過去世帶來的一些小聰明，使人覺得不需要宗教，不需要佛法。

報障還包括出生條件、生長環境而無法學佛的障礙，像是耳聾眼瞎，甚至是生長在沒有佛教的地方，沒有佛法可聽，根本就不知道有佛教，即使知道有佛教，也沒有辦法聽聞佛法，這也是報障。

心中不存埋怨

學佛面對障礙與受報，愈是要堅定修行！對於受到的果報，心中不存埋怨，反而要欣然面對償還的機會，用感恩心接受遇到的障礙，感謝現在還有能力受報還債，才是正確且健康的態度。

佛教徒透過精進修行，可能會「遠報近受」，提前償還未來世要受的果報，或是「重報輕受」，原本要承受很重的業報，可能就變輕了。

所以已經學了佛法的人，但願煩惱障、業障、報障等三障都能夠消除，不僅這一生一切障礙能夠消除，來生也希望不要有障礙，這樣子的話，我們就能夠隨時隨地聽到佛法、修學佛法了。

Question

38

學佛會讓人變懦弱消極嗎？

佛法教人要謙卑，視衆人爲自己累世輪迴的父母親、兄弟姊妹；但是在待人處世上難免遇到不公不義的事，會讓人的內心生起不平之鳴。有的佛教徒一想到佛法說不可有瞋心，只好將內心想要說的話忍下，避免造成更大的衝突，但又會懷疑學佛是不是讓人變得懦弱，只是一味壓抑心中眞正的感覺？該如何眞正化解心中的不平呢？

我們學習佛法的目的，就是希望自己能夠學習到智慧與慈悲，然後在日常生活中也練習著以智慧與慈悲來過生活、做事情、與他人互動，讓自己在生活中減少煩惱，增加智慧也增長慈悲。

什麼是佛法所講的智慧與慈悲呢？智慧是指沒有執著、沒有情緒、沒有煩惱的心境；慈悲是指對別人的錯誤能夠原諒、對別人的困境能夠同情與關懷、對別人的愚癡能夠有憐憫的心。

慈悲沒有敵人，智慧不起煩惱

在日常生活中，我們常常看到或聽到一些不合情理法、不公平的事，很容易隨著這些事產生情緒的波動，甚至生氣。但是如果學佛後還是和未學佛前一樣容易起煩惱，那表示自己的智慧與慈悲沒有隨之增長，當然煩惱與痛苦也不會減少。所以學佛之後，我們必須練習以智慧與慈悲的觀念來看待外在的人事，例如看到不公平的事時，要告訴自己：「這裡面有它的因緣與因果，所以才會如此；如果是人為的錯誤，我要以它為借鏡，警惕自己不要犯同樣的錯誤；對於犯錯的人，我要原諒他的錯誤，憐憫他的愚癡，不需要為此生氣，為此煩惱是沒有智慧也沒有慈悲，是不值得的。」如果能夠這樣告訴自己的話，相信就不會生氣了。

不過其中如果有必須要處理的事情，還是要處理，只不過必須先讓自己不生氣了，再以冷靜清明的頭腦來處理，這樣才能妥當地把事情處理好，而不是一味地忍耐與壓抑，這樣是沒有智慧的。學佛之後要讓自己更有智慧、更堅強，不會被逆境難倒，不會因困難而退縮。誠如聖嚴法師所說的：「慈悲沒有敵人，智慧不起煩惱。」也會發現學佛讓人更堅強，而非變成遇事便閃躲的懦弱者。

再者，當報章雜誌上報導犯罪的人在臨命終時懺悔、皈依宗教時，有人會覺得這只是一種懦弱行爲，藉以逃避其所造的罪業，對於犯罪還可以往生西方或天國，宗教變成最後避風港，心生不滿。

其實，一個人做錯事，並不表示這個人永遠都是壞人，不會有善心出現的時

（江思賢　攝）

刻，只不過是一時起了惡心、做了壞事，事後還是可能會有善念的。因此，一個人如果臨命終時能夠有懺悔心、願意懺悔，就應接受他；至於他必須負的責任，還是會由他自己承擔的。

真心懺悔是勇敢的行為

眞心的懺悔並不是懦弱的行爲，反而是勇敢的行爲，因爲願意承認自己的錯誤並改過自新，就是一種勇於面對自己錯誤、不覆藏自己過錯的表現。生前造重大惡業，臨命終時的懺悔、皈依宗教，並不會因此而能免去惡報，未來因緣成熟時還是會受報的。

不過，懺悔之後心中已經沒有罪惡感的負擔了，且能勇於承擔自己的罪過。佛說「定業不可轉，重業不可救」，所謂定業，是造了極大的惡業，如五逆——殺父、殺母、殺羅漢、破和合僧、出佛身血；又如毀謗三寶、殺人越貨、縱火決堤、強暴婦女等重大的犯罪行爲，都是不可變轉的罪業。因爲這些行爲不僅造成他人生命的喪失，並長久影響社會的安定，所以必須受報。因此，若要免於受惡報，最重要的還是平時要去惡行善，才有可能。

Question

39 容易看人不順眼怎麼辦？

很多人在學佛持戒後，往往不自覺會用佛法的尺度來衡量別人的言行舉止，而產生批判。如果能自動覺察到自己有此情況，則是有「自知之明」的人，因爲有些人並不知道自己是如此，或認爲如此是很自然平常的事，不覺得有什麼需要改善、調整的，使得這種情形還會繼續下去，直到覺得自己需要調整或是造成他人困擾爲止，才會改變。

起慈悲心而非厭惡心

是非善惡行爲的標準，在學佛修行之初必須認識，同時也必須照著去實踐，以期導正自我偏差的行爲。而這又可分身、口、意三種行爲，對自我的這三種行爲必須在日常生活中去注意、去調整，知道這些標準是爲了改正自我的行爲。但

（鄧博仁　攝）

如果因爲知道了標準，卻開始對他人的偏差行爲起批判的心，那就必須做些觀念上的調整，要對別人的偏差行爲起慈悲心，覺得他需要幫助，不可因其行爲而感到厭惡。

但是幫助他人要看因緣，而且助人的方式也因人而異，契理、契機，亦即在對的時機說出讓對方有幫助的話。最好不讓對方或其他人起反感。如果當時因緣實在不適合幫助對方，那就暫時不說、不做，等待因緣成熟再說。對他人偏差的行爲不可起瞋怒、厭惡心，應起慈悲利他的心。

為對方祝福

身、口、意三種行爲的導正，不是一蹴可幾的，需要時間一點一滴來改過。遇到他人有錯誤見解時，要找對方願意聽從的人來勸說，不然就必須自己要做得可以感動對方，才會讓對方接受建議。在勸說時，要說明與分析對方的想法有哪些偏差，正知見的觀念又是如何，讓對方知道問題在哪裡，也就是在對方願意接受的情況下來勸說，會比較有效，在對方尚不能接受的時候，可以先勸對方念佛，而自己也要念佛爲對方祝福。

Question

40

誤殺昆蟲是殺生嗎？

律部經典《十誦律》卷十一記載，到祇園精舍掛單的兩位比丘，起床後沒有收拾床鋪便逕自離開，不久引來大批的昆蟲，不但把鋪床的草吃光，還大肆啃咬僧房中的被子和枕頭。佛陀等所有比丘都外出應供時，親自到僧舍巡視打掃，慢慢地掀起每一床被褥，抖一抖房中的寢具，昆蟲便四散而去。佛陀在打掃驅蟲的過程中，舉止輕緩溫和，並沒有懷著害心與憎惡。

打掃除蟲的態度

《十誦律》卷三十七也記載，祇園精舍的浴室因為太濕熱而生蟲，佛陀的處理方式是請弟子們：「應蕩除令淨。」還要放掉積水，並且在排水孔上遮一塊織布，防止蛇蠍蜈蚣再進入。佛陀示意，打掃是為了恢復環境的清潔，並不以傷害昆蟲為目的，在乾淨的環境中，蟲類也不容易滋生。

在日常生活的行進與勞務工作中，難免無意中傷害有情眾生，這是否就是殺生？聖嚴法師在《戒律學綱要》書中，以打掃除蟲為例，說明應對的方式與態度：「驅除之時，則不得存有傷殺之心，應該小心為之，如已盡到護生的最大可能，仍有誤殺誤傷之者，應該自責於心，生悔意，發悲願，願其投生善類，願其終將成佛，庶可免以殺生之罪。」

不故意起殺生的念頭

佛教主張眾生平等，一切眾生都有生存的權利，以此發展為「不殺生」的慈悲精神。佛教徒持不殺生戒並非害怕受報，而是以眾生平等為念，而不做殺生的行為；心中若沒有故意殺傷的念頭，也不算是犯戒殺生。

然而，爲了彌補我們的無心之過，則可以藉助於淨土法門的殊勝，平時多念「阿彌陀佛」或〈往生咒〉，迴向被傷害的弱小衆生，在死去後仰仗佛力加被，轉生善道或超生淨土。

Question

41

在電玩遊戲中殺人是造殺業嗎？

造業，是指心念指揮影響我們用說話和身體行爲去造作善惡業，當還沒有變成實際的行爲，沒有眞正傷害到衆生，就不算造了業，純粹只是心裡的念頭而已。因此，在虛擬的電玩遊戲中打怪、殺人，沒有眞的傷害衆生，還不算造殺業。

但以大乘佛教的立場來講，心中有貪、瞋、癡就是不清淨，所謂「萬法唯心」，一切唯心造，如果心裡一直熏習「殺」的念頭，久了會變成習氣，這個殺的習氣會一直潛伏著，如果哪一天遇到境界、因緣具足時，殺的行爲可能就會表現出來，而眞的造了殺業，不可不愼。

Question

42

作善爲惡會馬上報應嗎？

佛教的因果律是通看三世的，人除了現在一生，已有過去的無量數生，尚有未來的無量數生，現在這一生，若將過去及未來的生命之流連貫起來看，實在還不及石火光影那樣的短促渺小。善惡因果是貫通了三世漸次陸續受報的，業力的大小輕重，便決定了受報的先後等次。今生的修善作惡，未必即生受報；今生的禍福苦樂，未必是由於現世的因素；今生多半的遭遇，是由於往世業力的果報；今生的所作所爲，多半尚待後世感報。

因果律非宿命論

佛教的因果律，也非一般人所誤解的宿命論或定命論。佛教相信，唯有重大的業力不能轉變而被稱爲定業之外，人是可以憑後天的努力改善先天的業因。比

（鄧博仁　攝）

如前世只造了窮人的業因，今世果然也感生為窮人的業果，但是，生為窮人不要緊，只要自己肯努力，窮困的生活環境是可以改造的，這是將過去的因加上現世的因，綜合起來，就是當下的果。因此，佛教的因果律，不是宿命論也不是定命論，而是不折不扣的努力論。

佛教如果落於宿命論或定命論的泥沼，「衆生皆可成佛」的理論、精神，也就不能成立，既然一切命運都是前世決定了的，人生修善豈不等於白費？

不離因緣法則

由此可知，佛教的因果定律，也是不離因緣法則的。從過去世的業因到現在世的業果，中間尚須加入許多的外緣，方能成為業果的事實，這些外緣，就是現世的努力與懈怠、作善與作惡。正像一杯糖水的本質是甜的，假若加入了檸檬或咖啡，便會改變那杯糖水的味道一樣。

佛教的因果律是貫通過去、現在、未來三世，而又連結過去、現在、未來三世的時空觀，現世承受先世的業因，成爲現世的業果，現世的行爲造作，既是後世的業因，也可加入先世的業因，成爲現世的業果。因此，因果的道理聽來簡單，說來並不簡單，做來就更不容易。

Question

43

佛教如何看待器官捐贈？

捐贈器官的目的，在於幫助他人的器官恢復功能，或挽救他人生命，在醫界的鼓勵推動下，已成為現代社會普遍接受的觀念。

值得讚歎的菩薩行

然而，許多人對於器官捐贈和往生淨土之間，還存有許多疑慮。醫學判斷已經死亡的人，就佛教的觀點可能不是眞正的死亡。有主張認為，人死亡後的十二小時內，神識可能還有感覺，如果立即移動遺體，將因此使亡者感到不適，而生起瞋恨心，影響他轉生的去向或往生淨土。

佛教認為，人往生後，遺體不久就會開始腐敗，對於往生者而言，已經是沒有用的軀殼，如果能及時捐出還有用的器官，幫助一人或數人救命延生，實屬於財布施之一，是慈悲心的展現，也是值得讚歎的菩薩行。佛典中也記載著利他行，有捐出身體而成就他人道業的菩薩行人。

大體老師

古代醫學尚未發達，還沒有捐贈器官遺愛人間的觀念，到了現代，佛教界支持器官捐贈者已大有人在。主要的立論在於，若人在生前已立遺囑交代，或志願在死後捐贈器官，已發菩薩誓願，捨身助人，不再貪戀執著於身體，對於器官摘除的程序，心理上已經接受，即使死後仍有知覺，也不會視爲痛苦的折磨。

許多公益團體及醫學院校，多鼓勵大眾加入器官捐贈行列，也有鼓勵捐贈大體做研究、教學之用，促進醫學進步，被稱爲「大體老師」。社會上對於器官捐贈者或大體捐贈者的義行，多給予讚歎與感佩，是以身體器官利益眾生的大菩薩，不但無礙於往生的去處，反而是往生善處的增上緣。

Question

44

眞有七世夫妻嗎？

民間有所謂「七世夫妻」的說法，認爲男女戀人在過去世結下很深的緣分，如果未當滿七輩子的夫妻，兩人的緣分與前世因果就不能圓滿，不能了斷。

佛教沒有了緣的說法

這種說法並非佛教的觀念，人與人之間的因果、因緣關係是不可思議的。原本關係不深的兩個人，會因爲種種因緣而讓關係變得密不可分，如同絲線糾纏不清。因緣與因果是相續不斷的，不會一成不變，所以「了緣」是個似是而非的觀念，「七世夫妻」也只是小說中的想像。佛法不說糾纏不清的「了緣」，要釐清這個觀念才能眞正與衆人廣結善緣。

通常認為若要了解三世因果，必須藉宿命通知道過去，用天眼通知道未來，才能親見三世因果，這是錯誤的想法。

所謂三世，是指時間上的過去、現在、未來，可長可短、可近可遠。一切眾生如果不出生死，就在無窮的三世中，無盡的時間裡，一直循環延續下去。僅僅把前生、現生、未來生看成三世因果，眞是太狹隘了。

今生就是未來的過去

有人會求助神鬼和神通，希望知道自己的前世因果。神通和神鬼的力量是有的，但極其有限，即使能使人知道過去世或未來世，也是極其短近的時間範圍，不可能使人知道無窮無盡的過去和未來，懷疑三世因果的問號依然存在。

佛法根本解決這個問題的辦法，不是使用神通和神鬼告訴人過去和未來，而是用兩句話勸人：「欲知前世因，今生受者是；欲知來世果，今生作者是。」讓人明白現在的今生，就是未來的過去；現在的未來，就是未來的現在；現在的過去，就是過去的現在。因此，只要掌握現在這一刻，就已經包括了三世因果的現象。不斷追求、追問、探知過去和未來，既對於現在無補，對未來也無益，只會增加困擾和浪費時間，別無益處。

（鄧博仁　攝）

Question

45

如何用佛法解決家庭問題？

現代家庭有的夫妻長期分隔兩地，先生長期在國外工作，而太太留在臺灣照顧公婆與孩子，當先生發生婚外情時，就會產生婚變衝擊。如果太太本身學佛，公婆與親友往往可能勸合不勸離，認爲學佛的人應該心存慈悲，不能離婚，這時該怎麼辦呢？

人之所以會結爲夫妻，彼此間都有深厚的因緣，這也可稱爲一種「宿世因緣」。所以，學佛的人固然要慈悲爲懷，更要有智慧的判斷，讓彼此之間的善緣增長，消融惡緣。如果一味地退縮，以爲這就是「慈悲地成全他人」，其實是一種鄉愿的作法。

智慧的考驗

婚姻問題既然已經存在，應該去找出發生的原因，尋求解決的辦法，夫妻關係也需要從錯誤中學習、成長，毋須用怨懟的情緒負面思考，否則將會讓對方痛苦，也使自己受到更大的傷害。若能勇於面對，以佛法的觀念來做正確的處理，當你走過困境之後，回頭來看，就會對通過人生考驗後的成長，懷抱感恩的心。

離鄉背井，爲了家庭事業而獨自奮鬥，難免會產生孤單的感覺，若是遇到不如意的事，又苦無訴說的對象，人就會變得脆弱，然而爲了讓遠在家鄉的親人放心，大多數的人傾向不會對家人訴苦。如果這時出現了能夠談心的異性，感情就容易出現危機。面對這種種的誘惑與境界，如何去做出正確的選擇，其實考驗著夫妻二人，甚至是一家人的智慧。

以積極正向的態度來面對這項人生的課題，用體諒的同理心去接受先生也有人性脆弱的一面，試著打從內心，感謝那位曾經適時幫助過先生的人，若不是因爲她，自己又怎能發現先生堅強的外表下，不曾被覺察的內心深處呢！也更無從發現，原來自己在這段婚姻關係中，還有需要努力的空間。

以慈悲的胸懷來包容

然而爲了讓公婆和子女有個完整幸福的家庭，可以連同家人一起對先生動之以情，需要特別留意的是，應避免用道德價值去批判對方，而是以慈悲的胸懷來包容，溫情的方式來處理先生的情緒，相信亮起紅燈的感情，一定能夠有挽回的轉機。

別太過自責，更不要以自憐自艾的情緒，讓自己陷入患得患失的低潮中，時時觀照自己五味雜陳的各種感覺，清楚知道，然後不執著它，進而放下它，如此

（鄧博仁　攝）

才能讓自己保持清明的心，用佛法的智慧照顧每一個人。

除了婚姻危機，父母與孩子之間也常有衝突，尤其是青春期的孩子多少會有叛逆的情緒，父母與他們溝通最好不用責備、指責的話，如果能用關心、慰問的話來多加關懷，例如：「你今天累不累啊？」「你今天中午在哪兒吃飯，錢帶夠了沒有？」還有，不要把他們當成小孩看待，因爲他們可能自以爲已經成熟長大了，所以要把他們當成朋友，相信他們的態度也會改善。

另外，自己也要檢討，是否沒有尊重孩子的想法，勉強孩子照著自己的意思來過生活或決定其未來，如果有的話，也要改過。如果擔心孩子會變壞或功課不好、身體不好，最多是從旁規勸，以朋友的立場提供他們意見，讓孩子自己去思考、去決定，如此，孩子也較能養成獨立思考、判斷的能力，這對孩子也是一種成長的訓練。

Question

46

生病時做超度有用嗎？

當親友因宿疾疼痛不堪時，學佛者總想從佛法的「因果」觀來安慰親友，希望減輕他們的痛苦。

把心放在佛號上

其實，患有宿疾的親友，身心已經感到痛苦了，此時應該給予安慰與鼓勵，讓他放心、安心遵照醫師的指示治療病痛，同時勸他常念「阿彌陀佛」或「觀世音菩薩」聖號，把心經常放在佛號上，不要去想自己的病痛，如果身體還有體力可去助人或做義工，量力去做即可，如此，將可減輕痛苦。

至於是否可以用佛法的因果報應或業障來解說，這要看家人信仰佛教的深

（鄧博仁　攝）

淺，與對佛法知見建立正確與否來定。如果向他說了，他能因此被提醒而面對、接受自己的宿疾，那就可以說，如果沒有這個把握，最好還是不要說較好。

因緣有，自性空

如果生病時，醫師檢查不出病症，那就接受佛法，以修行的方法來改善，常念佛、拜佛、拜懺、行善布施、參加寺院的共修，若共修的法會有點燈及寫牌位，則可以為累世的怨親眷屬，也就是六親眷屬點燈或寫牌位超度。

就佛法來說，世間一切都是眾生的心造成的，包括眾生自我的身心與外在的環境；也就是說，是眾生自作自受的，過去種了某種的因，加上現在的外緣，便產生未來某種的果報。所以，要改善的最好方法是懺悔、常存慚愧、利他的心、去惡行善，同時要有「因緣因果」與「因緣有，自性空」的觀念。「因緣有，自性空」的意思是，現象都是因各種因素所聚合造成，當這些因素散失時，現象也就消失了。因此，它不是永遠有的，而是暫時地存在，到後來還是會消失掉，也就是「緣起性空」。

Question

47

沒錢也能布施嗎？

修行有正行和助行，通常以持戒修定爲正行，布施是助行。修行菩薩道的利他行，如六度（布施、持戒、忍辱、精進、禪定、智慧）四攝（布施攝、愛語攝、利行攝、同事攝），都是以布施爲首要。聖嚴法師在《法鼓山的方向》一書中即說：「布施，是度衆生最好的方法，也是修行菩薩道的基礎方法，更是無盡藏的存款方法。」

布施分爲財布施、法布施、無畏布施。財布施是物質的援助，法布施是智慧的啓發，無畏布施是精神的支持。在《阿含經》中，也鼓勵修布施行來廣種福田；三種布施並行，即是眞正的福慧雙修。

法布施為最上功德

三種布施當中，以法布施爲最上功德，受益最長最廣。譬如對飢困的人施與糧食、給予安慰，能夠解決一時的飢餓；若教人謀生方法，則能幫助人自力更生；轉而還能把謀生方法傳授給更多人，受益的範圍更廣大。

法布施，就是把佛法的修行觀念和修行方法告訴他人。學佛聞法之後，如果修行的人自己受益，通常也會願意與人分享。例如教人打坐、拜佛、讀經；介紹修行法門；在說明事理時，套用因果、因緣的觀念；爲人講解佛法義理，讓聽聞的人因此改變觀念、態度、行爲，或者對佛法因此產生興趣，使人善根增長。

學佛新手也可以法布施

法布施就如同以佛法教育大眾，以佛法成熟眾生，當受到影響的人愈多，利益的眾生也會愈多，因此法布施是大布施。

初學佛的學佛新手，即使對於佛法懂得不多，也可以做到法布施。透過與人分享學佛心得、參加禪修的體驗、讀經的感想，組成佛學讀書會，告訴人佛經偈頌、祖師大德法語，用正確的佛法知見思惟，分析事理，或是最簡單的鼓勵大眾念佛，甚至用一句「阿彌陀佛」聖號祝福他人，都是一般人容易做到的法布施。

Question

48

佛教徒爲何常勸人要「放下」？

放下，是放下自我中心，不在執著與分別中自尋煩惱。歸納而言，是指放下內在身心和外在環境的一切，稱爲「放下身心世界」。

在佛世時，有位善於解說佛法義理，並且精通五種神通的法師，人稱「五通梵志」。他爲了尋求解脫之道，於是捧著鮮花前往供養佛陀。佛陀一見到他便說：「梵志，放下！」他立刻放下手中的花，佛陀仍說：「梵志，放下！」梵志不解地問：「我已經兩手空空了，還能放下什麼呢？」佛陀回答：「並不是要你放下手中的花，而是要你把自我感受與表現，以及對外在世界的攀緣，全都放下。」梵志聽懂之後，立刻證得阿羅漢果位，得解脫自在。

一般人認知的物質世界，以爲身心和物質是自己所擁有的，執著於和我們相關的人、事、物，經常爲了「我」而追逐快樂與名利，一旦不能事事如意，便引來不滿足、不自在的感受，這都是因爲執著於自我而招徠煩惱。

萬法不離無常法則

從佛法的智慧來看，我們的身心世界和環境，無時無刻不在變異，都不離無常法則。無常是變化的意思，也就是說，沒有一件事物可以永久不變。我們所看到的存在，只是無常的暫有，不是永久的恆有；就像手機和電腦會損壞、花朵會凋萎、身體器官會衰竭、財富名位也會更替。

闡釋佛法空義的經典《金剛經》說：「無我相，無人相，無衆生相，無壽者相。」我執就是經文中的「我相」，四種相都是由「我」而起，放下我相，就能放下人相、衆生相、壽者相，從煩惱與生死輪迴中解脫。

（鄧博仁　攝）

如同《心經》開頭所說：「行深般若波羅蜜多時，照見五蘊皆空，度一切苦厄。」般若是智慧，波羅蜜多是度脫，五蘊是我們的身心以及所處的環境。學會放下身心世界，便是與佛法智慧相應，而得到身心自在。

時時刻刻放下自我

有了「放下」的觀念之後，還可以藉由禪修來練習放下。禪修的過程，便是透過清楚觀照身體的一舉一動、環境的一事一物，不用自我中心執著於身心世界，也不用自我中心來批評身心世界，將方法反覆練習，運用在日常中，時時刻刻放下自我，從內在以智慧心觀照一切，便不會自陷於煩惱當中。

Question

49

如何用佛法化解中年危機？

無可諱言，人身就像一部機器的使用，人到中年因爲要經歷更年期、感官衰退、體力下降等過程，而要面對生命力不如青壯時期旺盛的困擾。但其實除了生理上所產生的種種步入中年的特徵之外，也不可輕忽個人因爲面對生活的態度不同，所反應出的心理年紀。

例如，我們可以在應該要散發青春氣息的青少年身上，看到缺少活力的老態；也可以在滿布鬢霜的老年人身上，看見活潑與朝氣。所以判斷一個人的眞正年齡，除了生理上的年紀之外，也該考慮到其心理上的年紀。

化解中年情結

常常有人將中年人比喻成夾心餅乾，在「上有老的，下有小的」的壓力下，中年人若無法自我調適，往往會落入蠟燭兩頭燒的窘境。但是人到中年眞有如此不可承受之重嗎？其實若能以正確健康的心態來化解「中年情結」，中年人經由歲月與經驗所累積的生活智慧，正是充盈的時候，若能好好運用，不但可以爲自己的生命，開創另一波旭日東昇的生機，更是爲社會人群奉獻的黃金時機。

具有正確的觀念是自我調適的第一步，如同聖嚴法師勉勵人「人生的意義是盡責、負責」，「人生的價值是奉獻、貢獻」。有了這個觀念之後，就不會只注意到自己所失去的青春、健康，以及爲家庭、工作所付出的心力、精神，而會以有能力盡責、奉獻爲快樂的泉源。

（鄧博仁　攝）

承先啟後

生命的尊嚴來自於有意義、有價值、有目標的人生，扮演著「承先啓後」角色的中年人有了健康的中年心態，不但可以安定自己的心，在家中也可以與家人互助、互勉、互動來安家，在工作場所以精進不懈、惜福培福的態度來樂業，如此中年人生就是生命最壯碩、最美好的時期。

Question

50

如何讓家人一起學佛？

家人常常是緣分最深，但也最難接引一起學佛的人。當家人逢事必求籤問神，以求感應，要請家人轉用佛法面對問題，確實需要耐心溝通與善巧方便，才能對佛法產生信仰心。

不再媚神以達成希望

民間信仰是跟民俗相關的宗教行爲，也是原始型態的宗教現象，自從人類文化開始以來，即已普遍地發生在各個民族之間。那是爲了疏解心中的困擾，家庭和社會的糾紛，自然環境的折磨，在一時間無法以人的體能、智能所能解決的情況下，唯有訴求於神明的指引、援助、救濟、保佑，利用求籤、問卜、降靈、牽亡、扶鸞、牲供、許願等方法，以達到與鬼神溝通的目的。民間信仰是以盲目的依賴及媚神的行為來達成願望，佛教是以理性疏導，修善積福、懺悔誦經，來達到祈求的目的。

選定一佛或一菩薩

如何讓家人信仰正信的佛教？可先介紹信仰諸佛菩薩的功能，或介紹某些常用經咒效驗，比如觀音菩薩、地藏菩薩的感應，是無微不至、無遠弗屆、無時不應的。觀音菩薩稱為廣大靈感、救苦救難、大慈大悲；阿彌陀佛稱為無上醫王，又名無量壽及無量光。這些佛菩薩，能夠使人有求必應，求長壽得長壽，求智慧得智慧。釋迦牟尼佛是盧舍那佛的千百億化身之一，他是娑婆世界的教主，人天的導師、長夜的明燈、苦海的慈航；一切諸佛，均能於一切時一切處，接受到任一眾生的呼救，具備救濟眾生的一切功能。所有的諸大菩薩也都具足六種神通，隨時、隨處、隨類攝化，並應一切眾生的合理祈求。

（鄧博仁　攝）

人人只要選定一佛，或一菩薩，或一特定的法門和經咒，就可輕而易舉地達到民間信仰所有要求的目的，何況尚能更進一步，由民間信仰的宗教層次，進入自利利他、解脫自在的境界。

學佛入門Q&A 2

學佛新手50問

50 Questions by Beginner Buddhists

編著	法鼓文化編輯部
攝影	江思賢、李東陽、李蓉生、郭金典、許朝益、鄧博仁
出版	法鼓文化
總監	釋果賢
總編輯	陳重光
編輯	張晴
美術設計	和悅創意設計有限公司
地址	臺北市北投區公館路186號5樓
電話	(02)2893-4646
傳真	(02)2896-0731
網址	http://www.ddc.com.tw
E-mail	market@ddc.com.tw
讀者服務專線	(02)2896-1600
初版一刷	2014年9月
初版七刷	2023年8月
建議售價	新臺幣180元
郵撥帳號	50013371
戶名	財團法人法鼓山文教基金會—法鼓文化
北美經銷處	紐約東初禪寺 Chan Meditation Center (New York, USA) Tel: (718)592-6593 E-mail: chancenter@gmail.com

法鼓文化

國家圖書館出版品預行編目資料

學佛新手50問 / 法鼓文化編輯部編著. -- 初版.
-- 臺北市 : 法鼓文化, 2014.09
面； 公分
ISBN 978-957-598-650-6(平裝)

1.佛教 2.佛教修持

220 103015197